TRANSTORNOS DA EXCREÇÃO
Enurese e encoprese

Coleção Clínica Psicanalítica
Títulos publicados

1. **Perversão**
   Flávio Carvalho Ferraz
2. **Psicossomática**
   Rubens Marcelo Volich
3. **Emergências Psiquiátricas**
   Alexandra Sterian
4. **Borderline**
   Mauro Hegenberg
5. **Depressão**
   Daniel Delouya
6. **Paranoia**
   Renata Udler Cromberg
7. **Psicopatia**
   Sidney Kiyoshi Shine
8. **Problemáticas da Identidade Sexual**
   José Carlos Garcia
9. **Anomia**
   Marilucia Melo Meireles
10. **Distúrbios do Sono**
    Nayra Cesaro Penha Ganhito
11. **Neurose Traumática**
    Myriam Uchitel
12. **Autismo**
    Ana Elizabeth Cavalcanti
    Paulina Schmidtbauer Rocha
13. **Esquizofrenia**
    Alexandra Sterian
14. **Morte**
    Maria Elisa Pessoa Labaki
15. **Cena Incestuosa**
    Renata Udler Cromberg
16. **Fobia**
    Aline Camargo Gurfinkel
17. **Estresse**
    Maria Auxiliadora de A. C. Arantes
    Maria José Femenias Vieira
18. **Normopatia**
    Flávio Carvalho Ferraz
19. **Hipocondria**
    Rubens Marcelo Volich
20. **Epistemopatia**
    Daniel Delouya
21. **Tatuagem e Marcas Corporais**
    Ana Costa
22. **Corpo**
    Maria Helena Fernandes
23. **Adoção**
    Gina Khafif Levinzon
24. **Transtornos da Excreção**
    Marcia Porto Ferreira
25. **Psicoterapia Breve**
    Mauro Hegenberg
26. **Infertilidade e Reprodução Assistida**
    Marina Ribeiro
27. **Histeria**
    Silvia Leonor Alonso
    Mario Pablo Fuks
28. **Ressentimento**
    Maria Rita Kehl
29. **Demências**
    Delia Catullo Goldfarb
30. **Violência**
    Maria Laurinda Ribeiro de Souza
31. **Clínica da Exclusão**
    Maria Cristina Poli
32. **Disfunções Sexuais**
    Cassandra Pereira França

33. **Tempo e Ato na Perversão**
    Flávio Carvalho Ferraz

34. **Transtornos Alimentares**
    Maria Helena Fernandes

35. **Psicoterapia de Casal**
    Purificacion Barcia Gomes
    Ieda Porchat

36. **Consultas Terapêuticas**
    Maria Ivone Accioly Lins

37. **Neurose Obsessiva**
    Rubia Delorenzo

38. **Adolescência**
    Tiago Corbisier Matheus

39. **Complexo de Édipo**
    Nora B. Susmanscky de Miguelez

40. **Trama do Olhar**
    Edilene Freire de Queiroz

41. **Desafios para a Técnica Psicanalítica**
    José Carlos Garcia

42. **Linguagens e Pensamento**
    Nelson da Silva Junior

43. **Término de Análise**
    Yeda Alcide Saigh

44. **Problemas de Linguagem**
    Maria Laura Wey Märtz

45. **Desamparo**
    Lucianne Sant'Anna de Menezes

46. **Transexualidades**
    Paulo Roberto Ceccarelli

47. **Narcisismo e Vínculos**
    Lucía Barbero Fuks

48. **Psicanálise da Família**
    Belinda Mandelbaum

49. **Clínica do Trabalho**
    Soraya Rodrigues Martins

50. **Transtornos de Pânico**
    Luciana Oliveira dos Santos

51. **Escritos Metapsicológicos e Clínicos**
    Ana Maria Sigal

52. **Famílias Monoparentais**
    Lisette Weissmann

53. **Neurose e Não Neurose**
    Marion Minerbo

54. **Amor e Fidelidade**
    Gisela Haddad

55. **Acontecimento e Linguagem**
    Alcimar Alves de Souza Lima

56. **Imitação**
    Paulo de Carvalho Ribeiro e colaboradores

57. **O tempo, a escuta, o feminino**
    Silvia Leonor Alonso

58. **Crise Pseudoepiléptica**
    Berta Hoffmann Azevedo

59. **Violência e Masculinidade**
    Susana Muszkat

60. **Entrevistas Preliminares em Psicanálise**
    Fernando Rocha

61. **Ensaios Psicanalíticos**
    Flávio Carvalho Ferraz

62. **Adicções**
    Decio Gurfinkel

63. **Incestualidade**
    Sonia Thorstensen

64. **Saúde do Trabalhador**
    Carla Júlia Segre Faiman

65. **Transferência e Contratransferência**
    Marion Minerbo

66. **Idealcoolismo**
Antonio Alves Xavier
Emir Tomazelli

67. **Tortura**
Maria Auxiliadora de Almeida Cunha Arantes

68. **Ecos da Clínica**
Isabel Mainetti de Vilutis

69. **Pós-Análise**
Yeda Alcide Saigh

70. **Clínica do Continente**
Beatriz Chacur Mano

71. **Inconsciente Social**
Carla Penna

72. **Psicanálise e Música**
Maria de Fátima Vicente

73. **Autorização e Angústia de Influência em Winnicott**
Wilson Franco

74. **Trabalho do Negativo**
Vera Lamanno-Adamo

75. **Crítica à Normalização da Psicanálise**
Mara Caffé

76. **Sintoma**
Maria Cristina Ocariz

77. **Cidade e Subjetividade**
Flávio Carvalho Ferraz

78. **Psicologia Hospitalar e Psicanálise**
Alfredo Simonetti

79. **Fairbairn**
Teo Weingrill Araujo

80. **Orientação Profissional**
Maria Stella Sampaio Leite

81. **Acompanhamento Terapêutico**
Maurício Porto

Coleção Clínica Psicanalítica
Dirigida por Flávio Carvalho Ferraz

TRANSTORNOS DA EXCREÇÃO
Enurese e encoprese

Marcia Porto Ferreira

© 2004, 2013 Casapsi Livraria e Editora Ltda.
É proibida a reprodução total ou parcial desta publicação, para qualquer finalidade, sem autorização por escrito dos editores.

3ª Edição	*2013*
1ª Reimpressão	*2015*
Editor	*Ingo Bernd Güntert*
Gerente Editorial	*Fabio Alves Melo*
Coordenadora Editorial	*Marcela Roncalli*
Assistente Editorial	*Cíntia de Paula*
Revisão	*Flavia Okumura Bortolon*
Diagramação	*Everton Alexandre Cabral*
Capa	*Yvoty Macambira*

Dados Internacionais de Catalogação na Publicação (CIP)
Angélica Ilacqua CRB-8/7057

Ferreira, Marcia Porto
 Transtornos da excreção: enurese e encoprese / Marcia Porto Ferreira. - São Paulo : Casa do Psicólogo, 2015. - 3. ed. - (Coleção clínica psicanalítica / dirigida por Flávio Carvalho Ferraz).

Bibliografia
1ª reimpressão da 3ª edição de 2013.
ISBN 978-85-8040-352-7

1. Encoprese - Aspectos psicológicos 2. Enurese – Aspectos psicológicos 3. Excreção – Aspectos psicológicos 4. Psicanálise infantil I. Título II. Série III. Ferraz, Flávio Carvalho

---

13-0640   CDD 155.412324

Índices para catálogo sistemático:
1. Transtornos da excreção: Transtornos: Psicanálise: Psicologia Infantil

Impresso no Brasil
Printed in Brazil

As opiniões expressas neste livro, bem como seu conteúdo, são de responsabilidade de seus autores, não necessariamente correspondendo ao ponto de vista da editora.

Reservados todos os direitos de publicação em língua portuguesa à

Casapsi Livraria e Editora Ltda.
Avenida Francisco Matarazzo, 1500 - Conjunto 51
Edifício New York - Centro Empresarial Água Branca
Barra Funda - São Paulo/SP - CEP 05001-100
Tel. Fax: (11) 3672-1240
www.casadopsicologo.com.br

Sumário

Agradecimentos 9

Prefácio, *por Silvia Bleichmar* 11

1 - Introdução 19

2 - Disciplinando e disciplinarizando os esfíncteres 23

3 - Enurese e encoprese para a pediatria e para a psiquiatria
     infantil tradicionais 29
     Sobre a enurese 30

4 - Enurese e encoprese para a psicanálise 39
     Freud e seus discípulos 39
     Melanie Klein e seus discípulos 67
     D. W. Winnicott 81
     Autores da psicossomática psicanalítica 86
     Autores discípulos de Lacan 102
     Silvia Bleichmar 129

5 - Finalizações 141

6 - Casos clínicos 145

Referências 191

Agradecimentos

Agradeço a todos aqueles que, nomeados ou anonimamente, são co-autores deste livro.

A meus filhos, Ivan e Eduardo; a meu pais e irmãos, que me possibilitam múltiplas escrituras e leituras da vida.

A Cristina Herrera, amiga-irmã, pela assessoria nos assuntos hispano-portugueses.

A Silvia Bleichmar, pelo privilégio de usufruir de seus ensinamentos e de sua companhia.

A Maria Luiza de Assis Moura Ghirardi, pelas incontáveis e frutíferas cumplicidades.

A Mauro Hegenberg, pela inspiração e pelo apoio definitivos.

Aos queridos amigos da Clínica Psicológica; do Departamento de Psicanálise da Criança; do Grupo Acesso – Estudos, Intervenções e Pesquisa sobre Adoção; e aos funcionários do Instituto Sedes Sapientiae, pela antiga e enriquecedora convivência.

A Francisco Ernesto Failde Jr., pela indispensável infraestrutura informática.

A Flávio Carvalho Ferraz, por ter me proporcionado indescritíveis gratificações no decorrer da feitura desse trabalho.

Prefácio

Converter o corpo da criança em um mero aparato que exerce funções de diversas ordens (alimentícias, excretoras, motoras, operatórias) tende a expandir-se em nossa época, acompanhando uma concepção maquinizada do ser humano, definido por sua utilidade social, por seu "rendimento".

Não é estranho, então, que a recusa de busca de sentidos tome parte, hoje, de muitas práticas que tentam a modificação das formas de expressão do mal-estar. Mal-estar que pode se manifestar de modos diversos, dentre eles, aqueles que se têm chamado "a expressão somática".

Por isso, um livro que trate dos chamados "transtornos da excreção" – enurese e encoprese – em sua correlação com as ordens do prazer e da dor, do amor e do ódio, da troca com o semelhante e da entrega dos produtos corporais a partir da implicação intersubjetiva merece ser recebido com entusiasmo.

E, muito em particular, quando, no transcurso da leitura, veem-se recuperados, com rigor e sem dogmatismo, as diversas posições teórico-clínicas sobre essa questão que foram se desvendando ao longo da história da psicanálise de crianças. Essa amplitude de espírito não cai na cômoda atitude pós-moderna que confunde respeito com indiferença ou falta de implicação. A autora desenvolve suas próprias posições e indaga sobre os modos como confluem e se diferenciam os autores expostos.

Sem dúvida, a autora não pretende, como ela mesma disse, centrar-se na abordagem destas diferenças. Trata-se de uma busca que podemos considerar de *reposicionamento* da questão: em seus alcances tanto antropológicos – no sentido mais justo do termo, como modo de conceber o humano mais além de suas mutações – quanto em sua delimitação terapêutica. Por isso, formula da seguinte forma:

> Parece ficar evidente que os excrementos e o erotismo a eles ligado, tanto na nossa ancestralidade como na nossa infância, são fascinantes objetos que deixaram rastros na trajetória do homem em direção à cultura. Nesse sentido, a enurese e a encoprese indicam que o filhote humano tropeça no caminho da ultrapassagem da condição animal rumo à humanização.
>
> Mas diferentes enfoques foram sendo produzidos sobre esses transtornos, em vários campos do saber e dentro da própria psicanálise, que é o solo epistemológico onde pretendemos nos aportar. Para as questões que esse assunto suscita, convidamos para uma visita a alguns dos estudos que consideramos consagrados balizadores.
>
> O percurso será feito num rápido passeio pelas práticas sobre o treinamento do asseio esfincteriano das

crianças, atravessando os campos da psicologia do desenvolvimento, da pediatria e da psiquiatria infantil mais tradicionais para, finalmente, nos embrenharmos especificamente no território da psicanálise, fotografando alguns pensadores das diversas tendências teóricas que se interessaram e se manifestaram sobre esse tema.

O que surge com clareza, por meio de suas palavras, é que o que se põe em jogo quando se aborda esse tipo de transtorno é a concepção que se tem do funcionamento psíquico, de seus modos de constituição e, muito em particular, da função que cumpre a aparição da chamada "disfunção", ou seja, da funcionalidade que tem ao se inscrever em outra ordem, como única premissa possível para sua abordagem. A partir do que, só se podem traçar as vias de resolução possíveis a prescrição e a implementação de uma estratégia para sua abordagem.

A pergunta que atravessa todo este livro, assim como a história da puericultura, poderia ser colocada nos seguintes termos: o que é que leva os seres humanos, em seu processo de humanização, a renunciar ao prazer imediato, a abandonar suas necessidades fisiológicas mais peremptórias, a subordinar sua satisfação a certas regras que a sociedade impõe e até mesmo a se sentirem satisfeitos e orgulhosos de fazê-lo? Perguntas que somente a psicanálise formulou, desde diversas correntes teóricas e sem abandonar esse eixo reitor de interpelação, e somente a psicanálise tem tentado responder ao longo de mais de um século.

Abandona-se o prazer de evacuar de modo anárquico só por maturação esfincteriana? É evidente que não. Há que se ver o domínio que implica uma encoprese por transbordamento, ou uma enurese em uma criança aterrorizada pela perda de seus produtos corporais. Colocará todos os seus recursos, fará todos os cálculos, e até chegará a fazer circular grande parte de sua vida psíquica em torno da preservação de produtos e de fantasmas corporais.

A lei da segregação excrementícia está prescrita desde a Antiguidade e está nos fundamentos mesmo da vida social. No Deuteronômio, parte do Antigo Testamento, no qual se organiza o conjunto de mandatos básicos com os quais a cultura judaico-cristã ordena a humanização, no apartado "Leis sanitárias" (N. 23, 12-13) a escritura prescreve: "Terás um lugar fora do acampamento onde sairás a evacuar. Terás também entre tuas armas uma estaca; e quando estiveres ali fora, cavarás com ela, e logo voltarás a cobrir o excremento".

Renuncia-se por respeito ao outro – seja esse outro no sistema bíblico ao Outro, seu mandamento – renuncia-se por amor ao semelhante, renuncia-se por respeito a si mesmo... Não é necessário um esforço excessivo para se dar conta do nível de complexidade representacional que está em jogo para se chegar ao controle dos esfíncteres, assim como para seu fracasso: chegar a amar ao objeto como outro, que não só provê, mas também pauta e obriga a renúncia; constituir um ego capaz de tomar a cargo intrapsiquicamente a representação total do sujeito; sentir que este ego não é amado incondicionalmente, mas que deve suportar certas renúncias para seguir sustentando o amor do objeto e o amor de si mesmo; renunciar à imediatez para conseguir uma postergação do que compulsa à ação súbita... Seria banal e até mesmo ridículo reduzir toda esta operação simbólica à pura maturação muscular, mesmo que saibamos que não se pode produzir sem uma base fisiológica. Sem dúvida, ninguém atribuiria a capacidade de representação gráfica à maturação motora, nem reduziria o talento de um Leonardo ou de um Picasso à função práxica.

Um retorno a questões básicas – desde um ângulo que possibilita seu ordenamento e recuperação e um realce das propostas teóricas das quais se pode extrair um guia para encarar o transtorno na função sem perder de vista o sujeito que a exerce – é motivo suficiente para que a escrita e a leitura das páginas deste livro venham a ocupar um lugar na psicanálise.

Silvia Bleichmar

É muito possível que tenhamos subestimado consideravelmente, até hoje, a significação biológica e psicológica dos esfíncteres... Até agora, esses fenômenos têm sido considerados apenas sob o ângulo utilitário, desprezando-se por completo a importância do jogo dos esfíncteres no acesso ao prazer e ao desprazer, sem falar de sua importância propriamente erótica.

(Sándor Ferenczi, *Psicanálise dos hábitos sexuais*)

1.
Introdução

Apesar de serem bastante frequentes, os chamados "transtornos da excreção" – a enurese e a encoprese – não têm sido alvo de aprofundados e detidos estudos psicanalíticos, quando comparados a tantos outros.

Estimulados pelo pensamento de Ferenczi, que lembramos acima, poderemos supor que os transtornos dos esfíncteres seja um tema pouco atraente até mesmo para os estudiosos psicanalistas, em decorrência de um vigoroso trabalho do recalcamento que o processo civilizatório impõe. É Freud (1929) quem nos diz que

> [...] com a adoção de uma postura ereta pelo homem e a depreciação de seu sentido olfativo, não foi apenas o seu erotismo anal que ameaçou cair como vítima da repressão orgânica, mas toda a sua sexualidade, de tal maneira que, desde então, a função sexual foi acompanhada por uma repugnância que não pode ser explicada por outra coisa, e que impede a sua satisfação completa, forçando-a a

desviar-se do objetivo sexual em sublimações e deslocamentos libidinais... Todos os neuróticos, e várias outras pessoas, repudiam o fato de que *inter urinas et faeces nascimur* (nascemos entre urinas e fezes).

O sentimento de vergonha e repugnância pelas fezes e pela urina, portanto, vai sendo construído pelo processo civilizatório e, assim, traçando a disciplinarização dos esfíncteres, das emoções, da sexualidade. Podemos claramente desnaturalizar esses sentimentos, quando acompanhamos De Galateo, em 1558, num suposto manual de boas maneiras:

> Não fica bem a um homem decoroso e honrado preparar-se para se aliviar na presença de outras pessoas, nem erguer as roupas, depois, na presença delas [...] não é hábito refinado, quando se encontra alguma coisa repugnante na rua, como às vezes acontece, virar-se imediatamente para o companheiro e lhe chamar a atenção para isso. É ainda mais incorreto segurar a coisa malcheirosa para que o outro a cheire, como alguns têm o costume de fazer, e que mesmo insistam em que o outro faça isso, erguendo a coisa fedorenta até suas narinas e dizendo: "Eu gostaria de saber o que é que você acha disto", quando seria melhor dizer: "Porque fede, não a cheire".

Parece ficar evidente que os excrementos e o erotismo a eles ligado, tanto na nossa ancestralidade como na nossa infância, são fascinantes objetos que deixaram rastros na trajetória do homem em direção à cultura.

Nesse sentido, a enurese e a encoprese indicam que o filhote humano tropeça no caminho da ultrapassagem da condição animal rumo à humanização.

Mas diferentes enfoques foram sendo produzidos sobre esses transtornos em vários campos do saber e dentro da própria psicanálise, que é o solo epistemológico no qual pretendemos nos aportar. Para as questões que esse assunto suscita, convidamos para uma visita a alguns dos estudos que consideramos consagrados balizadores.

O percurso será feito num rápido passeio pelas práticas sobre o treinamento do asseio esfincteriano das crianças, atravessando os campos da psicologia do desenvolvimento, da pediatria e da psiquiatria infantil mais tradicionais para, finalmente, nos embrenharmos especificamente no território da psicanálise, fotografando alguns pensadores das diversas tendências teóricas que se interessaram e se manifestaram sobre esse tema. Optamos por preservar a diversidade de correntes do pensamento psicanalítico a que eles remetem antes de darmos um maior realce ao pensamento de Silvia Bleichmar.

Partiremos, então, do princípio que Renato Mezan (1985) tão bem enfatiza:

> O analista kleiniano e o analista lacaniano não escutam a mesma coisa, esta é a acácia verdade. E não escutam a mesma coisa porque partem de teses bastante diferentes sobre a

natureza do inconsciente, sobre as finalidades do processo analítico, e sobre o que significa escutar.

Considerando que entre os analistas kleinianos e lacanianos existem outras derivações de pensamentos psicanalíticos, cabe fazer uma referência (e reverência) sobre alguns outros autores que se manifestaram a respeito da enurese e da encoprese nas crianças.

Acreditamos que poderá ser bastante proveitoso para o leitor conhecer ou relembrar vinhetas clínicas e relatos de casos de alguns desses mesmos autores, buscando dar uma maior visibilidade do imbricamento das teorias com a clínica psicanalítica com as crianças que apresentam enurese e encoprese. Alguns deles estão reproduzidos no término desse trabalho.

O roteiro se dará por cumprido se for concebido como um mapeamento das multiplicidades e complexidades dos pensamentos psicanalíticos sobre os transtornos da excreção e servir de estímulo para consultas aos escritos originais de seus autores. E, mais ainda, se servir de ponto de partida para o desenvolvimento de novos e necessários trabalhos.

2.

DISCIPLINANDO E DISCIPLINARIZANDO OS ESFÍNCTERES

A atitude da sociedade em relação ao ensinamento do controle dos esfíncteres para as crianças é variável na história e nas culturas.

Não podemos deixar de lembrar, como nos ensina Philippe Ariès (1973), que, na sociedade medieval, o sentimento da infância não existia. A criança só vai ser concebida como possuindo particularidades distintas das do adulto por volta do século XVI, quando passa a ser "paparicada". Esse sentimento vai se modificando. Passa a vigorar uma reação negativa, agora de exasperação e repugnância pela infância, paralelamente a um ideal de pureza e inocência, defendida claramente pelos moralistas e educadores do século XVII e que inspirou toda a educação até o século XX.

Portanto, até o começo do século XVIII, pouca referência foi encontrada quanto ao treinamento dos esfíncteres dirigido a crianças pequenas. É de se supor que, até então, havia uma grande tolerância quanto à aquisição de hábitos de higiene das crianças. Provavelmente elas adquiriam a capacidade de controlar a urina e as fezes sem uma ação educativa mais ativa por parte do adulto.

Ao que se tem notícia, os primeiros educadores a se dedicarem a essa questão datam do fim do século XIX, quando refletem a grande importância dada nessa época à rigorosa disciplinarização dos corpos das crianças. Para termos uma ideia dessa violenta domesticação do infantil, esses pedagogos passaram a recomendar que as crianças fossem colocadas em um vaso, após cada mamada para evacuar e urinar, desde o seu terceiro dia de nascimento!

Manuais de orientação a pais na educação de crianças passam a ser escritos em profusão. Encontraremos até mesmo aqueles que aconselham o uso de supositório para o treino anal (Blatz e Bott *apud* Isaacs, 1936):

> Um supositório de sabão ou glicerina pode ser usado, no início do treino, para condicionar a criança. O uso de um supositório pode ser claramente distinguido do uso de enemas ou laxativos, para os quais se deve apelar somente por ordem do médico. O supositório é apenas um meio mecânico de estimular as sensações e os movimentos apropriados para o ato de defecação. Seu uso ajuda a criança a reconhecer a pressão incipiente, e a facilitar o movimento através de um esforço voluntário. Supositórios não devem ser usados por mais de duas semanas de cada vez. A criança pode manifestar violenta resistência a seu uso. *Se se tratar*

de um caso que tenha apresentado dificuldades persistentes, não se deve levar a resistência em consideração – é quase certo que desaparecerá com a repetição do processo. (grifo nosso)

Embora bastante questionadas, persistem até hoje certas leituras e práticas sobre essa questão, herdeiras de uma arcaica psicologia do desenvolvimento em que a padronização das maneiras de estar no mundo é rigorosamente buscada. Podemos lembrar as antigas normas fixadas por A. Gesell em seu *Baby-test*:

– A partir dos 15 meses, regulação progressiva das micções diurnas até os 24 meses, quando a criança está limpa de dia, enquanto o controle noturno das matérias é adquirido por volta dos 18 meses.
– Entre os 24 e 36 meses, a criança deve adquirir o asseio noturno, condicionado a que se levante uma vez por noite da cama.
– Após os 36 meses, a criança torna-se autônoma para a realização de suas necessidades quanto à micção.

Dentro dessa perspectiva transcritiva da criança, estudiosos mostraram que as meninas adquirem o controle da bexiga 2,46 meses mais cedo do que os meninos (Brazelton, 1918).

Essa severidade educativa se abranda com o advento da psicologia do desenvolvimento e da psicanálise. A partir daí, a educação dominante não mais se restringe ao resultado de condicionamento de hábitos. Considera-se, desde então, que a criança precisa aceder a uma coordenação altamente complexa da postura e da tensão de certas partes do corpo para poder controlar seus esfíncteres, que não dependem somente da sua vontade ou da do adulto.

A atitude dos pais e dos educadores do início do século XX abranda-se. Estes passam a ser menos exigentes, mais tolerantes com os insucessos e incentivadores dos sucessos. Aceitam melhor o fato de que as crianças com mais de 3 anos de idade ainda possam urinar na cama, desde que tivessem um bom controle diurno.

A psicologia do desenvolvimento passa a entender que é esperado que crianças de até 5 anos alcancem a aquisição do controle de urina durante a noite e, entre 2 anos e meio a 3 anos, a aquisição do controle durante o dia, sendo que esses índices são relativizados pela maioria dos autores. É esperado, também, que o controle dos esfíncteres anais seja adquirido mais cedo e mais firmemente estabelecido do que os esfíncteres vesicais.

A descoberta do inconsciente por Sigmund Freud traz um novo olhar sobre a criança, sobre a infância, sobre a constituição do sujeito e seus avatares. Esse novo olhar também variará, dentro da própria psicanálise, por intermédio das várias teorias psicanalíticas, nem sempre rompendo com essa ideologia evolucionista da psicologia do desenvolvimento.

É sob essa nova ótica que André Green (1979) vai se preocupar com os diferentes enfoques sobre a criança.

Critica não somente a psicologia do desenvolvimento, mas, principalmente, uma vertente da psicanálise que denomina "psicanálise desenvolvimentista", acusando-as de fazer da criança a norma de uma teoria que visa produzir futuros adultos normais. Relaciona essas abordagens com os pontos de vista médicos e ortogênicos, avessos à "criança de Freud". Discorda da prática de psicanalistas que realizam a observação direta das crianças porque "opõe a criança verdadeira da psicanálise – a criança de sua verdade histórica – à criança real da psicologia".

Podemos deduzir que André Green se refere a abordagens como aquela defendida por ninguém menos do que a filha do fundador da psicanálise: Anna Freud. Sabemos que Anna Freud propõe uma pedagogização da psicanálise, centrando sua atenção no desenvolvimento do ego, mediador entre a atividade pulsional e a realidade externa. A criança "anna-freudiana" não é capaz de internalizar seu sofrimento. Zornig (2000) conta-nos que:

> Anna Freud baseia seu diagnóstico em parâmetros de desenvolvimento valendo-se de aspectos normais e patológicos, visando diagnosticar as patologias da infância em suas fases iniciais para atuar sobre elas de forma preventiva. Cada fase de desenvolvimento – da amamentação à alimentação racional, da descoberta corporal ao brincar ou do brincar ao trabalho – equivale a comportamentos, normas de conduta, que, pela observação direta,

possibilitam o diagnóstico preciso dos distúrbios de desenvolvimento infantil.

Da obra freudiana, Anna Freud privilegia e acentua uma vertente desenvolvimentista em detrimento do descentramento e da sobredeterminação inconsciente do sujeito. Por isso, as concepções de Anna Freud têm sido consideradas predominantemente adaptacionistas. Persiste num pensamento que seu próprio pai abandona de que uma reforma educacional poderia prevenir as neuroses.

E sobre a aprendizagem de controle dos esfíncteres, em especial, os psicanalistas têm se manifestado de forma a alertar para os efeitos perniciosos quando é conduzido por pais e educadores de forma rígida e precoce.

Exporemos mais adiante as preocupações que vários deles ressaltaram.

3.

ENURESE E ENCOPRESE PARA A PEDIATRIA E PARA A PSIQUIATRIA INFANTIL TRADICIONAIS

Para a pediatria e para a psiquiatria infantil clássicas, assim como para a medicina em geral, a enurese e a encoprese são entendidas como sintoma, e como tal são, necessariamente, um indicador de doença. Sintoma para essas disciplinas, portanto, seria o efeito de uma doença que o causa, o que permitiria estabelecer uma objetiva e mensurável classificação nosológica e fisiopatológica das doenças. Visam predominantemente à supressão dos sintomas ou ao controle das doenças. Evidentemente não podemos deixar de marcar o quanto nesses mesmos campos encontramos discursos acentuados pela psicanálise, como os de Winnicott, Lebovici, Kreisler, Fain e Soulé, cujas ideias serão posteriormente expostas.

Sobre a enurese

A enurese (do grego *enoureein* = urinar), para a psiquiatria, é a falta de controle na emissão da urina, diurna ou noturna, aparentemente involuntária, que aparece ou persiste após a idade em que é adquirida a maturidade fisiológica (classicamente a idade de 3 anos). A criança que levanta de noite para urinar não pode ser considerada enurética, mas somente aquela que não pode atender ao chamado.

Pelo *Manual Diagnóstico e Estatístico de Transtornos Mentais* – DSM-IV (Associação Psiquiátrica Americana, 1995), os critérios para se diagnosticar a enurese (307.6) são:

A – Micção repetida na cama ou na roupa, involuntária ou intencionalmente.

B – Frequência de, pelo menos, duas vezes por semana por 3 meses consecutivos ou pela presença de sofrimento clinicamente significativo, ou prejuízo social, acadêmico, ocupacional ou demais áreas da vida.

C – Idade cronológica mínima de 5 anos ou idade mental equivalente.

D – Excluída causa de efeito fisiológico direto de alguma substância (como um diurético, por exemplo), ou a uma condição médica geral, como diabete, espinha bífida, transtorno convulsivo etc.

A enurese pode ser:

Noturna (mais frequente) – em geral ocorre durante o primeiro terço da noite, mas também durante o estágio do sono de movimentos oculares rápidos (REM).

Diurna – mais comum nas meninas e incomum depois dos 9 anos de idade. Ocorre, em geral, nas primeiras horas da tarde durante o período escolar.

Noturna e diurna – em quadros nos quais os dois outros tipos estão combinados.

Transtornos mentais não foram encontrados na maioria das crianças enuréticas, mas, de qualquer forma, é mais frequente do que na população geral. Outros quadros que podem coexistir com o da enurese são a encoprese, o transtorno de sonambulismo e o transtorno de terror noturno. A enurese, principalmente do tipo diurno, pode estar associada a infecções do aparelho urinário com mais frequência do que nas crianças que controlam bem sua urina. A enurese geralmente persiste, mesmo após a cura da infecção.

A prevalência da enurese, em todas as idades, é maior nos meninos do que nas meninas: aos 5 anos é de 7% para os meninos e 3% para as meninas; aos 10 anos é de 3% para os meninos e 2% para as meninas e aos 18 anos é de 1% para os meninos e menos de 1% para as meninas.

São descritos dois cursos da enurese:

Enurese primária – quando o controle urinário nunca foi adquirido. É a mais frequente em relação à população de enuréticos em geral e em sua periodicidade.

Enurese secundária – mais rara, quando a enurese se dá após um período de controle já adquirido.

A periodicidade da enurese é variável, distribuindo-se em:

Enurese cotidiana – a criança se molha todos os dias;

Enurese irregular – mais comum em crianças maiores de 8 anos;

Enurese intermitente – retorno do transtorno depois de longos intervalos de continência, e

Enurese episódica – eventos curtos e raros.

Aproximadamente 75% das crianças enuréticas têm um parente biológico em primeiro grau que também apresentam enurese.

A maior parte dos enuréticos apresenta enurese primária, noturna e cotidiana.

Não se deve confundir enurese com incontinência urinária. Essa última se refere à emissão involuntária, mas consciente da urina, à revelia das tentativas fracassadas do indivíduo de reter a urina e na presença de uma lesão orgânica precisa, mecânica, nervosa ou inflamatória. Na enurese, a micção é involuntária e inconsciente. A falta de controle da micção em adultos é mais comumente denominada "incontinência urinária". É importante alertar para a imprecisão da expressão "incontinência diurna", assim como "enurese orgânica", para que não se criem confusões sobre os distintos quadros clínicos.

Sobre as causas da enurese, há uma multiplicidade de teses dentro da psiquiatria infantil (Ajuriaguerra, 1980). Elas podem ser uma distonia do sistema nervoso vegetativo; uma sequela de lesão cerebral; epilepsias; imaturidade vesical; distúrbios do sono, mas também uma etiopatogenia de origem afetiva. Essa última tese recebeu influência marcante das contribuições da psicanálise para a psiquiatria infantil. Há, também, autores que defendem que o sintoma enurético pode ser o resultante de uma diversidade de causas.

Ranña (2002) gentilmente colabora com esse nosso trabalho contando que

> [...] existe também um raro, mas importante distúrbio miccional, enfocado de forma acentuada nos textos de nefrologia, denominado 'bexiga neurogênica não neurogênica', que é acompanhado de enurese, retenção urinária, micção infrequente ou perdas urinárias. Nesses casos, a criança retém urina voluntária e involuntariamente, retenção intensa e persistente, que leva a lesões e dilatações do tracto urinário. É uma forma de 'megacólon' no aparelho excretor da urina. Aliás, existem casos em que ambos coexistem. São casos associados a quadros neuróticos graves, tais como fobia de banheiro, mania de limpeza, ou ainda a graves distúrbios das relações familiares, com a presença de pais agressivos, dominadores, intolerantes. O alcoolismo,

a negligência e o espancamento podem estar presentes. Esse quadro, referido como 'Síndrome de Hanman', que caracteriza-se por apresentar enurese, constipação e graves distúrbios da dinâmica familiar, apontando assim para a sua determinação psíquica.

E acrescenta:

> Recentemente aparecem na literatura pediátrica e nefrológica estudos que relacionam a enurese com um distúrbio hormonal com déficit da secreção de hormônio antidiurético durante o sono. Essas crianças tenderiam a produzir muita urina durante o sono, sendo beneficiadas pelo uso de vasopressina através de *spray* nasal ou comprimidos. Levanta-se a hipótese de distúrbios neuroendócrinos do hipotálamo, ou uma baixa resposta das células renais ao hormônio antidiurético. Fala-se ainda em menor capacidade do rim destas crianças para concentrar a urina em função de menor gradiente córtico-medular. Por outro lado, é bem observado o que pode ocorrer em crianças emocionalmente imaturas, as quais ingerem líquidos demasiadamente por fixação na fase oral da organização pulsional. Seriam uma espécie de 'dranking child', que secundariamente apresentam alterações funcionais no eixo hipotalâmico-visceral.

Para o tratamento da enurese, a psiquiatria infantil mais tradicional intervém utilizando diversos medicamentos: clordiazepóxido, a imipramina, mas também por meio de uma atitude mais psicológica do que psicanalítica. É sobre o comportamento da criança e dos pais diante do controle dos esfíncteres que as intervenções psiquiátricas tendem a operar, e não sobre o significado desse sintoma, como uma produção do inconsciente que envolve esses mesmos sujeitos, como veremos mais adiante.

Sobre a encoprese

Encoprese é o termo introduzido por S. Weissenberg, em 1926, para designar qualquer defecação involuntária que ocorra em uma criança que já tenha ultrapassado a idade de 2 anos, e na ausência de lesão evidente do sistema nervoso ou de outra afecção orgânica.

Pelo *Manual Diagnóstico e Estatístico de Transtornos Mentais* – DSM-IV (Associação Psiquiátrica Americana, 1995), os critérios para se diagnosticar a encoprese são:

A – Evacuação repetida de fezes em locais inadequados, como nas roupas ou no chão, involuntária ou intencionalmente.

B – Um evento por mês, pelo menos, por no mínimo 3 meses.

C – Idade cronológica de pelo menos 4 anos ou idade mental equivalente.

D – Causa não exclusivamente atribuída a fatores fisiológicos diretos de uma substância, como os laxantes, por exemplo, ou a uma condição médica geral, exceto através de um mecanismo envolvendo constipação.

Nesse manual também se descrevem dois subtipos de encoprese:

787.6 com obstipação e incontinência por hiperfluxo – quando se observa constipação (retenção de fezes) e as fezes geralmente são malformadas, a evacuação é contínua, tanto diurna quanto noturna. Na defecação voluntária, a quantidade de fezes é pequena.

307.7 sem obstipação e incontinência por hiperfluxo – quando não se observa constipação e as fezes geralmente são normais e consistentes. A defecação involuntária é intermitente, sendo que as fezes podem ser depositadas em lugares de destaque, o que pode estar associado à presença de transtorno desafiador opositivo, de transtorno da conduta ou de masturbação anal. A obstipação ou constipação é a retenção fecal que não se opõe necessariamente à encoprese, de menor gravidade do que aquela, apesar das preocupações que gera nos familiares.

Alguns autores preferem o termo "incontinência fecal funcional" no lugar de "encoprese", que contém a encoprese propriamente dita e todos os fenômenos associados ou secundários por considerarem que os fatores mecânicos e psicológicos se encontram inextricavelmente ligados. Nesse sentido, outros autores evitam as denominações "encoprese", "megacólon psicogênico", "inércia de cólon" e "incontinência de excessiva plenitude".

A encoprese não é uma *doença* do esfíncter porque anatomicamente a criança é normal. A encoprese é uma afecção do *controle* do esfíncter.

O DSM-IV estima que aproximadamente 1% das crianças com 5 anos de idade apresentam encoprese, mais frequentemente as de sexo masculino.

A encoprese está frequentemente associada à enurese, principalmente à enurese diurna, e, embora não ocorram simultaneamente, iniciam-se e evoluem em épocas diferentes.

Sobre as causas da encoprese, assim como sobre as causas da enurese, uma multiplicidade de teses é encontrada dentro da psiquiatria infantil clássica.

São atribuídas desde a uma consequência de doenças intestinais, a perturbações neurovegetativas, a lesões cerebrais precoces, até a fatores emocionais que a psicanálise auxiliaria a entender.

Quanto ao tratamento da encoprese, segundo Ajuriaguerra (1980, p. 285), a psiquiatria infantil seguiu dois caminhos.

> O primeiro, que se mostrou ineficaz, utiliza medidas terapêuticas medicamentosas ou físicas, tentando atuar sobre

a constipação considerada como um distúrbio primário, ou sobre a tonicidade esfincteriana. O segundo caminho é a psicoterapia. Se a criança coopera, parece que as medidas psicológicas simples são suficientes, desde que a família esteja incluída nesta terapêutica. Quando o conflito subjacente deve ser resolvido, deve-se apelar para uma psicoterapia de tipo analítico.

4.

ENURESE E ENCOPRESE PARA A PSICANÁLISE

Freud e seus discípulos

A revolução freudiana inicia-se com a descoberta de que os sintomas falam sobre uma verdade do sujeito que busca ser ouvida. Rompe com a concepção psiquiátrica de sintoma, propondo-lhe uma dimensão subjetiva que expressa um conflito inconsciente. Diferentemente de como são vistos pela medicina, para Freud os sintomas têm sentido e a cura psicanalítica não visa anular o sintoma, mas articulá-lo com o desejo recalcado, desvendando-lhe o seu sentido.

O sintoma, para ele, é uma mensagem a ser decifrada, um índice de uma satisfação disfarçada de desejos recalcados.

O caráter inconsciente e recalcado do sintoma faz com que seu sentido seja ignorado por aquele que o manifesta e que nem sempre sua mensagem seja decodificada pelos outros.

A satisfação pulsional que provocaria desprazer é desviada, vindo se ancorar no sintoma. Este é, portanto, a formação de compromisso entre uma instância recalcante e outra recalcada.

É por meio do sintoma (além dos sonhos, dos chistes e dos frequentes atos falhos) que Freud descobre e tem acesso ao inconsciente: é uma de suas formações, um dos seus produtos.

> Um sintoma é um sinal e um substituto de uma satisfação instintual que permaneceu em estado jacente; é uma consequência do processo de repressão. A repressão se processa a partir do ego quando este – pode ser por ordem do superego – se recusa a associar-se com uma catexia instintual que foi provocada no id. (Freud, 1996, p. 95)

O inconsciente fabrica um sintoma, como disfarce, para permitir o acesso à verdade do sujeito. O sintoma é o retorno do recalcado.

O sintoma também seria sobredeterminado, havendo, para ele, múltiplos fatores constituintes.

O sujeito humano, para Freud, cria sintomas para evitar as situações de perigo que provêm do ambiente e de situações de desamparo frente às suas magnitudes pulsionais indomáveis. A angústia surge como sinal e como reação diante de uma perda ou uma separação (uma castração), sendo ela quem cria a repressão. "O recalque primário não é uma contingência da biografia, não é por acaso, é o que funda o aparelho psíquico, o 'ser sujeito' do ser humano" (Ocariz, 2003).

Freud também desconstrói a representação sobre a criança dominante em sua época, que era a de um ser inocente, ingênuo e moldável, apontando para uma criança que possui um corpo atravessado pela pulsão, um corpo de desejo. É assim que ele nos conta o drama infantil: "O florescimento precoce da vida sexual infantil estava destinado a ser sepultado porque seus desejos eram inconciliáveis com a realidade e pela insuficiência da etapa evolutiva em que se encontrava a criança" (Freud, 1920).

A criança, portanto, produz uma neurose infantil – sintomas – como uma das formas para se defender de uma sexualidade advinda de suas negociações com os adultos – traumática – que ela não entende, para a qual seu aparato orgânico e psíquico não está preparado para satisfazer e nem seria aceitável pela cultura.

A criança psicanalítica acede à dignidade de enigma, um sujeito produzido pelo desejo inconsciente que rompe com a perspectiva desenvolvimentista e psicogenética. E suas vivências – esse infantil da sexualidade – que vêm de suas sensações corporais marcadas pela presença do outro humano, acompanharão o sujeito por toda a sua vida adulta, no jogo das identificações edípicas que darão origem ao superego, às neuroses, aos sintomas. A neurose infantil é constitutiva e construída durante o percurso edípico do sujeito e diretamente ligada à angústia de castração. A neurose pode ser deflagrada posteriormente pelo processo de regressão a uma etapa em que a libido ficou fixada.

Para podermos, com maior justiça, precisar o conceito de sintoma para Freud e caminharmos na direção de suas contribuições para o entendimento da enurese e da encoprese nas crianças, necessitaríamos percorrer mais detidamente por suas construções teóricas sobre a constituição do sujeito. Coisa nada simples, nem possível para o objetivo desse trabalho. Como afirma Figueira (1991),

> Freud, aliás como é típico de sua obra, nos deixou diferentes e até contraditórias definições dessa estruturação: desde o modelo mais solipsístico e individualista do ego como diferenciação do *id* em torno do sistema de percepção até o modelo do narcisismo em que o sujeito é marcado pelo desejo de seus pais.

Encontramos em Freud tanto movimentos de uma teoria exógena da constituição do funcionamento psíquico determinado por experiências travadas com o outro humano quanto movimentos de uma dominância endógena, marcados pelo erotismo advindos da fase oral, anal, fálica e genital. E as diversas correntes da psicanálise recortaram e realçaram os diferentes momentos e movimentos de suas teorizações, acrescentando suas experiências na análise direta de crianças e bebês.

Atentos a essas ressalvas, vamos seguindo com o que Freud e alguns dos seus seguidores nos oferecem para continuarmos pensando sobre a enurese e a encoprese nas crianças.

Sobre o erotismo uretral e a enurese

Freud desenvolve em muitos lugares de sua obra a importância do erotismo uretral para a constituição da sexualidade e para a escolha da neurose.

Nas crianças, o aparato sexual não completamente desenvolvido ativa o aparato urinário. Parte do princípio de que toda criança, desde bebê, experimenta sensações altamente prazerosas na região do corpo responsável pela micção, advindas da sua posição anatômica em relação aos genitais, das secreções que são produzidas e dos cuidados recebidos pelos adultos em função da higiene. Nas meninas, a proximidade da uretra com o ânus pode trazer ocasionalmente uma excitação decorrente de vermes intestinais. Todas essas estimulações produzem um *quantum* de prazer que desperta o desejo de serem repetidas. Embora não desempenhe uma função primordial, as atividades sexuais dessa zona erógena, que faz parte dos órgãos sexuais propriamente ditos, são, sem dúvida, o começo da futura atividade sexual. Essa parte do corpo se constitui numa zona erógena que se organiza para a futura primazia da zona genital.

Ao contrário de sentir repugnância por sua urina, a criança apresenta um especial orgulho por urinar. A urina, tal como o sêmen e as lágrimas, suscita intensos sentimentos de ambição e orgulho megalomaníaco. Freud (1908a) chega a afirmar que indivíduos "ardentemente" ambiciosos frequentemente sofreram de enurese na infância.

Esse orgulho gerado pela micção é reiteradamente afirmado por Freud (1900). Na análise de um sonho, interpreta que "o jato de urina que tudo limpa é uma inequívoca alusão à grandeza". Mas foi também com um jato de urina que "Gulliver havia extinguido o grande incêndio de Lilliput. E também... Gargantua, o super-homem de Rabelais, vingara-se dos parisienses do mesmo modo, sentando-se escarranchado sobre a Notre Dame e dirigindo seu jato de urina para a cidade". Esse orgulho vesical também aparece nos jogos de competição entre os homens sobre quem urina mais longe. É um jogo homossexual de exibição de virilidade.

O significado da urina, para as crianças, é semelhante ao que elas dão às fezes, embora se relacione com ela de maneira menos intensa, de forma tal que essas "preciosas" excreções são as primeiras dádivas da criança porque são sentidas como se fossem uma parte do seu corpo que ela somente dará a alguém a quem ama e a quem fará uma oferta como sinal de amor.

Renunciar a esse prazer autoerótico não é algo que ela faça sem resistência.

Vejamos como Freud (1917a) nos descreve a relação da criança com seus excrementos, atravessada pelo olhar do adulto primordial:

> É aqui que, pela primeira vez (conforme sutilmente percebeu Lou Andreas-Salomé), os bebês se defrontam com o mundo externo como força inibidora, hostil, ao

> seu desejo de prazer, e têm certa antevisão dos futuros conflitos externos e internos. Um bebê não deve eliminar suas excreções em qualquer momento de sua escolha, e sim quando outras pessoas decidem que deve fazê-lo. Para induzi-lo a renunciar a essas fontes de prazer, é-lhe dito que tudo aquilo que se relaciona com essas funções é vergonhoso e deve ser mantido em segredo. Então, pela primeira vez, a criança é obrigada a trocar o prazer pela respeitabilidade social. (p. 320)

É também numa alusão à renúncia de uma satisfação das pulsões em prol de uma conquista cultural que Freud vai buscar na filogenética, no homem primitivo, o prazer que proporcionava o hábito de apagar o fogo com sua urina. É como se, apagando o fogo com a micção, usufruísse do grande fogo de suas excitações sexuais. Mas, para usufruir do fogo, o desejo de apagá-lo com a micção teve de ser abandonado. Faz também afirmações que vislumbram um entendimento sobre a enurese:

> A experiência não admite dúvidas sobre esse ponto. Há que se pensar, portanto, no nexo regular entre a incontinência de urina e o fogo. É possível que nestas reações e nexos estejam presentes alguns precipitados da história cultural da humanidade, de raízes mais profundas de tudo quanto se conservou por suas marcas no mito e no folclore. (Freud, 1918)

Observa que pessoas que sofreram alguma vez de enurese elegem como seus heróis aqueles personagens que pereceram pelo fogo.

O entendimento sobre as coisas da vida está permeado pelo prazer uretral e pela ausência de pudor que nas crianças ainda imperam. Em uma das teorias que as crianças tecem sobre a origem dos bebês e sobre o casamento, deduzem que os casados urinam um em frente do outro e que o homem urina no urinol da mulher.

É nos seus estudos em *A interpretação dos sonhos* (1900) em que aparecem várias indicações sobre a importância da urina e do erotismo uretral para as crianças. Afirma ali que as secreções do corpo humano – muco, lágrimas, urina, sêmen etc. – podem se substituir, simbolicamente, umas às outras nos sonhos, porque as secreções importantes como o sêmen são substituídas por secreções irrelevantes.

Faz um recorrido sobre estudos de diversos autores para demonstrar suas descobertas: sonhos com fontes e nascentes indicam um distúrbio da bexiga e "qualquer estímulo urinário de intensidade considerável transforma-se invariavelmente em estimulação das regiões sexuais e de suas representações simbólicas. [...] Os sonhos com estímulos urinários são, amiúde, ao mesmo tempo, representantes de sonhos sexuais".

Continua Freud:

> Otto Rank [...] fez parecer altamente provável que um grande número de sonhos com estímulos urinários tenha

sido, de fato, causado por estímulo *sexual*, que fez uma primeira tentativa de encontrar satisfação, regressivamente, na forma infantil do erotismo uretral (1900, p. 78). São particularmente instrutivos os casos em que o estímulo urinário assim instalado leva a acordar e esvaziar a bexiga, mas nos quais o sonho, não obstante, tem prosseguimento e a necessidade se expressa então em imagens indisfarçadamente eróticas.

Acrescenta que as pessoas que frequentemente sonham estar nadando e prazerosamente furam as ondas foram, em geral, enuréticos, e realizam nos sonhos o prazer há muito tempo renunciado.

> A interpretação dos sonhos com fogo justifica a regra de educação infantil que proíbe a uma criança 'brincar com fogo' – de modo que não molhe a cama à noite. Pois, também no caso deles, há uma lembrança subjacente da enurese da infância. (p. 428-429)

Freud insistiu, em diversas ocasiões, na equivalência entre a enurese, a masturbação e a poluição nos adultos.

No conhecido historial clínico de Dora, Freud (1905a) deduz que ela e seu irmão teriam sido enuréticos em sua infância. Diante das associações de Dora ao primeiro sonho, a antítese fogo-água faz Freud entender que a enurese seria um sintoma de desejos sexuais recalcados, tal como a polução. Dora confirma que seu irmão molhava a cama até os 6, 7 anos e às vezes até durante o dia. Depois se recorda que sua enurese voltou aos 6 anos quando um médico foi consultado. O núcleo do sonho parece ser como se Dora dissesse: "A tentação é muito forte. Papai, querido, protege-me de novo como fazias na infância para que eu não molhe minha cama!".

Comenta Freud:

> Vale a pena tratar com detalhe a importância que tem molhar a cama para a pré-história dos neuróticos. Em defesa da clareza, me limito a destacar que o caso de Dora não era o habitual. Esse transtorno não só teria perseguido para além da época admitida como normal, como também, segundo sua precisa indicação, primeiro desapareceu e depois voltou a aparecer em época relativamente tardia, depois do sexto ano de vida. Pelo que sei, a causa mais provável de uma enurese desse tipo é a masturbação, que na etiologia da enurese desempenha um papel não suficientemente explorado. (1905, p. 76)

Uma enurese secundária, portanto, indica um substituto da masturbação genital recalcada.

Postula que a enurese prolongada e os transtornos vesicais da infância, exceto quando se relacionam com um ataque epilético, são perturbações sexuais que correspondem à polução dos adultos, que impelem a criança a masturbar-se. A enurese, para ele, seria compatível com o diagnóstico de histeria, uma vez que repete uma forma infantil de gratificação genital.

Nos tempos de suas teorizações sobre o trauma factual na etiologia das neuroses, supõe que a criança não epilética que apresenta enurese até os 7 anos de idade teria sido seduzida sexualmente na infância ou ter sido ameaçada de castração por um adulto, diante do hábito de se masturbar ativamente.

Sobre o erotismo anal e a encoprese

Embora não tenha se detido especificamente sobre a questão da encoprese, Freud produziu vários trabalhos sobre a organização anal da sexualidade, o erotismo anal e a aprendizagem do controle dos esfíncteres.

A organização anal é um ponto crucial na organização psíquica, ligando pulsões, narcisismo e defesas, constituição do eu e interiorização de normas.

Analisando pacientes obsessivos, concebeu uma fase pré-genital do desenvolvimento da libido, que nomeou "fase sádico-anal". Nos *Três ensaios sobre a teoria da sexualidade* (1905b), Freud afirma a importância erógena da zona anal.

As crianças retardam o ato da excreção para provocar uma acumulação das matérias fecais e daí obter uma sensação de voluptuosidade. A criança não apresenta desconforto nem pudor de sujar as roupas, porque sua única preocupação é a busca do prazer. O ânus seria, portanto, depois da boca, a segunda mucosa sexualmente sensível, precursor dos órgãos genitais.

Originalmente, a retenção das fezes pela criança está a serviço de uma atividade masturbatória da zona anal e de uma mediação da sua relação com o seu ambiente. Muitos neuróticos teriam aí as raízes de seus padecimentos, tal como ocorre com os encopréticos e também com aqueles que desenvolvem rituais escatológicos mantidos em segredo.

Quanto às fezes propriamente, de forma análoga à urina, são consideradas pela criança uma parte de seu próprio corpo, e passa a significar um primeiro presente que poderá oferecer ou negar àquele que lhe introduz na aprendizagem de controlar seus esfíncteres.

> No início, sua atitude para com suas excreções é muito diferente. Não sente repugnância por suas fezes, valoriza-as como parte de seu próprio corpo, da qual não se separa facilmente, e usa-as como seu primeiro "presente" com que distingue as pessoas a quem preza de modo especial. Mesmo depois de a educação ter atingido seu objetivo de tornar essas tendências incompatíveis com a criança, esta continua a atribuir elevado valor às fezes, considerando-as "presentes" e "dinheiro". (Freud, 1917a)

Os excrementos passam a ter a significação de "criança" nas teorias sexuais infantis, gestada pela alimentação, introduzida pela boca e parida pelo ânus. As crianças também tecem teorias de que os bebês nascem pelo intestino como as fezes, como uma cloaca. Para elas, a defecação é o modelo do ato do nascimento.

Na organização anal, a antítese constitui-se entre passividade e atividade, não ainda entre masculino e feminino. Autoerotismo e amor objetal estão presentes nessa fase.

As fezes também são concebidas originalmente como um primeiro pênis e o reto como a vagina. Na *História de uma neurose infantil* (O homem dos lobos) (1918), Freud associa a renúncia do prazer anal à castração e estabelece a equação fezes-criança-pênis. As fezes, no interior dos intestinos, desempenhariam o papel de um órgão sexual ativo, como posteriormente será vivido pelo pênis em direção à vagina. O protótipo da castração seria vivido pela renúncia desse órgão sexual autoerótico em favor de outra pessoa. Na defecação coloca-se a primeira decisão entre a disposição narcisista e o amor a um objeto.

Fezes, criança e pênis seriam os equivalentes simbólicos dos objetos separáveis do corpo. Nas formações do inconsciente, isto é, nos atos falhos, sonhos, fantasias e sintomas, as fezes, bebês e pênis são equivalentes simbólicos, porque são facilmente intercambiáveis, corpos sólidos, concebidos como descartáveis do corpo, que forçam penetração ou expulsão, estimulam uma passagem por uma membrana. Os enlaces, deslocamento e intensificações de carga de libido, entre esses "pequenos", são determinantes para as formações das neuroses.

Como vimos, para Freud, inicialmente o significado que a criança dá às fezes é o de dádiva que passa a ser transferido para outros objetos de troca até se deparar com o valor do dinheiro. O dinheiro estaria intimamente relacionado à sujeira nas formas mais arcaicas do pensamento (mitos, contos de fadas, superstições, no pensamento inconsciente, sonhos e neuroses), assim como o ouro. Diz Freud (1908a, p. 163): "É possível que o contraste existente entre a substância mais preciosa que o homem conhece e a mais desprezível, que ele rejeita como matéria inútil ('o refugo'), tenha levado a essa identificação específica do ouro com fezes".

Reter as fezes com a finalidade de satisfação autoerótica indica um desafio, uma obstinação por um apego narcísico ao erotismo anal. É por esse prisma que se pode entender as constipações.

Mas também acrescenta a importância dos impulsos de ódio, junto aos eróticos, na fase anal do desenvolvimento.

Freud detém-se sobre um certo tipo de pessoas que apresenta traços de caráter nos quais predominam a parcimônia, que facilmente se transforma em avareza; a ordem que frequentemente se transforma em formalismo e a obstinação, que pode tornar-se uma irada rebeldia. Atribui a predominância desses traços a intensas vivências na infância em que o erotismo anal esteve altamente investido. Supõe que, quando bebês, teriam esses pacientes resistido longo tempo para controlar os esfíncteres anais já que obtinham um prazer muito elevado no ato de defecar e que se recordavam de que obtinham grande prazer de reter e manipular suas fezes. Essas lembranças, às vezes, eram atribuídas a irmãs e irmãos, provavelmente pela ação do recalcamento que os impedia de se colocarem como os agentes de tais atos. Esses traços de caráter, portanto, seriam ou prolongamentos inalterados das pulsões originais, ou sublimação dessas pulsões ou, ainda, formações reativas contra elas. Após um recalcamento exitoso, sua coprofilia é sublimada no prazer de pintar, modelar e atividades similares ou é reativamente transformada em obstinação pela limpeza. Essa tríade de traços de caráter não foi observada em pacientes homossexuais, já que conservam na vida adulta o caráter erógeno da zona anal.

Se, no começo da vida, as fezes são vistas como valiosas e os intestinos oferecem um prazer muito grande, o surgimento da vergonha, do asco e da repugnância se deve à ação do recalcamento, renúncia ao prazer das pulsões anais a caminho da cultura. A vergonha e o asco são o preço que se paga para ingressar na cultura, um mal-estar inevitável.

Assim como o homem renunciou ao desejo de apagar o fogo com a sua urina em prol de uma conquista cultural, dominando o fogo de suas excitações, também a renúncia ao prazer pelas fezes é uma realização civilizatória. Diz-nos Freud (1929):

> Um fator social está também, inequivocamente, presente na tendência cultural para a limpeza, que recebeu, *ex post facto*, justificativa em considerações higiênicas, embora

se tenha manifestado antes da descoberta destas. O incentivo à limpeza origina-se num impulso a livrar-se das excreções, que se tornaram desagradáveis à percepção dos sentidos. Sabemos que, no quarto das crianças, as coisas são diferentes. Os excrementos não lhes despertam repugnância. Parecem-lhes valiosos, como se fossem parte do seu próprio corpo, que dele se separou. A partir disso, a educação insiste com especial energia em apressar o curso do desenvolvimento que se segue e que tornará as excreções desvalorizadas, repugnantes, odiosas e abomináveis. Essa inversão de valores dificilmente seria possível, se as substâncias expelidas do corpo não fossem condenadas por seus intensos odores a partilhar do destino acometido aos estímulos olfativos depois que o homem adotou a postura ereta. O erotismo anal, portanto, sucumbe em primeiro lugar à "repressão orgânica" que preparou o caminho para a civilização. A existência do fator social responsável pela transformação ulterior do erotismo anal é atestada pela circunstância de que, apesar de todos os progressos evolutivos do homem, ele dificilmente acha repulsivo o odor de *suas próprias* excreções, mas somente o das outras pessoas. Assim, uma pessoa não asseada – que não esconde as suas excreções – está ofendendo outras pessoas; não mostra consideração para com elas. E isso é confirmado por nossas expressões de injúria mais fortes e mais comuns. Seria incompreensível, também, que o homem empregasse o nome de seu mais fiel amigo no mundo animal – o cão

– como termo injurioso se essa criatura não provocasse seu desprezo através de duas características: ser um animal cujo sentido dominante é o do olfato e não ter horror dos excrementos nem se envergonhar de suas funções sexuais.

Como vimos, ao renunciar ao prazer primitivo pelas fezes, a criança dá um passo a mais para sua inclusão à cultura, e... para a predisposição à neurose!

Karl Abraham

Abraham ampliou as construções teóricas de Freud sobre as etapas da organização da sexualidade, com especiais contribuições sobre o erotismo anal, que serão expostas mais adiante.

Para ele, as sensações produzidas pela uretra e pelo ânus relacionam-se diretamente com os impulsos infantis de amor e suas ambivalências. Os produtos corporais – as fezes e a urina – são investidos de enorme valor narcisista e poder, numa evidente superestimação do ego, numa etapa preliminar à onipotência dos pensamentos. A onipotência das funções dos esfíncteres é um precursor da onipotência dos pensamentos. Para ilustrar essa onipotência da bexiga e dos intestinos, conta o caso de um menininho de 3 anos que, ao urinar no mar, acreditava tê-lo criado. Era claramente uma manifestação de sua megalomania não recalcada.

Sobre o erotismo vesical, faz uma inusitada relação entre a micção e a ejaculação precoce. Descobriu que seus pacientes ejaculadores precoces apresentavam uma alta frequência de relatos e associações livres nos quais esses dois fenômenos se encontravam relacionados. Diferentemente da ejaculação normal, na ejaculação precoce o sêmen é emitido de forma fluida e não rítmica, na ausência de movimentos ativos corporais e sem uma grande ereção do pênis, ou seja, exatamente como ocorre na micção. Concluiu que, nos pacientes que apresentavam esse quadro clínico, uma grande intensidade de prazer é obtida na micção e que a uretra possui um particular caráter erógeno para eles. Tanto quanto nos enuréticos, nos ejaculadores precoces a emissão se dá independentemente de sua vontade consciente. Encontrou também nesses seus pacientes uma infância marcada pela enurese ou, pelo menos, uma resistência aos hábitos de limpeza que se prolongou até a idade adulta. Eles lhe relataram que, diante de excitações de qualquer espécie, costumavam reagir com o desejo de urinar. Recordaram-se, ainda, do prazer exibicionista de urinar na frente de outras pessoas. As sensações físicas eram idênticas tanto no ato da passagem do sêmen quanto no da micção. Concluiu Abraham que se o prazer uretral é excessivamente marcado, a zona genital não se converte na zona predominante e o prazer aí obtido fica comprometido.

Apesar dessas descobertas, esse autor faz uma objeção às suas próprias concepções quando se depara com o fato de que na masturbação os ejaculadores precoces mantêm a ereção por tempo mais satisfatório. Supõe, então, que é diante do sexo feminino que esse sintoma se faz presente.

De qualquer forma, Abraham afirma, assim como o faz Freud, que esses pacientes se encontram numa estruturação psíquica neurótica, fixados a uma etapa definida da evolução de sua libido e numa modalidade infantil de satisfação da pulsão.

Abraham destaca, também, outro aspecto importante referido ao erotismo uretral: a incapacidade para decidir-se entre o prazer de "reter", adiando a sua realização e o prazer de "evacuar".

Abraham defende que a imposição de um hábito de forma muito prematura, persistente e sistemática – antes que a criança esteja preparada psiquicamente para adquiri-lo – resulta em ofensas precoces ao narcisismo infantil. A disposição para renunciar ao especial prazer no ato da defecação e seus produtos só aparece quando a criança começa a transferir a objetos esses sentimentos narcisistas. Antes disso, o hábito seria adquirido pelo temor, persistindo uma resistência interna que manteria sua libido numa obstinada fixação narcisista que poderá resultar numa perturbação da capacidade de amar.

Cita casos em que os pacientes adultos que tiveram um treino severo e precoce dos esfíncteres evitavam tomar qualquer tipo de iniciativa, delegando a outros a eliminação de dificuldades. Em suas análises foi possível descobrir que na infância a resistência à evacuação era tratada com enemas e supositórios. Mas o inverso também foi encontrado: pacientes que rejeitavam tenazmente a ajuda de outros, em reação às mesmas vivências infantis.

Para Abraham, o ânus corresponde à boca primitiva que migrou para baixo. Distingue duas fases no interior da fase sádico-anal:

- **anal expulsiva** – erotismo anal ligado à evacuação e a pulsão sádica ligada à destruição do objeto – tendências de destruir e perder e
- **anal retentiva** – o erotismo anal está ligado à retenção e a pulsão sádica ao controle possessivo do objeto – tendências afetuosas de manter e possuir.

Se a ansiedade faz sua aparição no estágio canibalístico, é na primeira fase sádico-anal que o sentimento de culpa surge. Diz-nos Abraham (1924):

> [...] na paranoia, o "perseguidor" pode ter sua origem traçada até a imagem inconsciente feita pelo paciente das fezes em seus intestinos, as quais identifica com o pênis do "perseguidor", isto é, a pessoa do seu próprio sexo a quem ele originalmente amou. Dessa maneira, na paranoia, o paciente representa o perseguidor por uma parte de seu corpo e acredita que o carrega dentro de si. Ele gostaria de livrar-se desse corpo estranho, mas não pode.

O indivíduo, fixado na fase anal retentiva, trata a pessoa, que é objeto de seu desejo, como sua propriedade privada, tal como o faz com suas fezes. A ambivalência de sentimentos, própria dessa fase, faz com que expresse sua atitude positiva para o objeto retendo-o e sua atitude negativa rejeitando-o.

Corroborando com as ideias de Freud sobre a superestimação narcisista das fezes, demonstra que a defecação é investida de pensamentos onipotentes. Os adultos considerados normais teriam recalcado esse caráter onipotente dos excrementos, que persiste inconscientemente e se revelam de várias formas, principalmente por meio de cotidianas expressões jocosas, como, por exemplo, a expressão "trono" para o acento dos sanitários, "regir el vientre", em espanhol, para defecação.

Também confirma as descobertas de Freud sobre o caráter anal de certos pacientes que apresentam excessivos traços de ordem, parcimônia e obstinação. Os chamados constipados, ou seja, pessoas que apresentam dificuldades para evacuar, e que, por esse motivo, podem derivar para uma encoprese, teriam deslocado sua libido da zona genital para a zona anal. A inibição dos intestinos é vivida como se fosse uma impotência genital. As crianças constipadas, eventualmente encopréticas, rebelam-se tanto contra a ordem de defecar quanto contra a necessidade que experimentam de fazê-lo. Só cedem à necessidade no momento que lhes pareça prazeroso. Aceitam oferecer seu valioso produto por sua própria vontade porque defendem a todo custo seu poder de decisão. Buscam manter o desejo e a expectativa naqueles que esperam por suas fezes e, mesmo assim, as oferecem em pequenas proporções e em quantidade insuficiente.

Cita Sadger ao referir-se a pessoas com caráter anal pronunciado que apresentam convicção de poder fazer tudo melhor do que os outros, além de uma atitude contraditória, na qual coexistem a perseverança e a tendência de deixar tudo para fazer no último momento. Esses traços de caráter, originários do erotismo anal, podem se derivar para direções mais ou menos improdutivas e antissociais. Uma completa capacidade de amar só seria alcançada quando a libido atinge a fase genital.

Esse autor amplia as descobertas freudianas sobre as manifestações caracterológicas no erotismo anal, mais especificamente sobre o caráter obsessivo, o qual ultrapassa o objetivo desse trabalho.

Sintomas como a diarreia revelam seu caráter sádico, como equivalência dos ataques de ira recalcados. Justifica a relação entre cólera e diarreia pela semelhança gestual que essas duas situações provocam: congestão facial, mesmos gestos, mesmos movimentos corporais, mesmas lamúrias que a criança pronuncia quando fica com raiva e quando evacua. Aliás, em português a palavra cólera também relaciona essas pulsões.

O sentimento sexual passivo, associado à zona anal, acopla-se aos impulsos sádicos-ativos, numa combinação de opostos que representa a primeira etapa da polaridade homem e mulher.

Roberto Oelsner

Oelsner salienta que a encoprese não deve ser entendida como uma enfermidade propriamente dita. É relativa a uma multiplicidade de fatores constitutivos. Embora comumente se suspeite, nem sempre é indicador de uma psicose subjacente e seu verdadeiro significado só pode ser definido ao longo de um processo psicanalítico.

Em alguns casos expressa uma regressão anal como defesa frente à angústia de castração. A perda das fezes e sua contínua reprodução asseguram que a castração é reversível.

Pode ser também a expressão da rebeldia infantil frente aos pais autoritários, introjetados no conflito entre o eu e o supereu. A dinâmica que aí se estabelece é a de uma desobediência à autoridade *versus* o autocastigo pela desobediência. Tem o valor de um sintoma melancólico.

Com frequência, a encoprese é secundária à retenção forçada, chamada de constipação, e aparece quando essa não pode mais ser contida. É relativa aos mecanismos obsessivos de controle de pulsões, especialmente as agressivas.

A encoprese também pode estar relacionada com uma identificação feminina com a mãe, na qual o reto adquire o valor de vagina; o intestino, de útero; e as fezes, de bebês, decorrente das teorias sexuais infantis cloacal ou de coito e parto anais.

Os encopréticos podem estar idealizando suas fezes em vez de desenvolver sentimentos de repulsa e as tratando com desejo e prazer. Mas também a encoprese pode estar assinalando a detenção do desenvolvimento tanto no id como no eu. Dessa forma, a expulsão anal continua sendo predominantemente a fonte tanto de gratificação libidinal como de expressão da agressão e incapaz de dirigi-la para outras zonas e metas. A causa e a consequência da inibição do desenvolvimento devem-se à falta de simbolização. O desenvolvimento pode estar afetado apenas em uma parte da personalidade que pode estar dissociada e projetada no trajeto anorretal, e sua severidade só se revela quando se rompe a dissociação, podendo desencadear uma franca crise psicótica. Só nesses casos, na opinião desse autor, poderíamos falar que a encoprese estaria encobrindo um núcleo psicótico importante.

Seus pacientes apresentaram variedade e condensação dessas significações dadas à encoprese.

Melitta Sperling

Melitta segue bastante de perto os ensinamentos de Freud.

Discorda das concepções kleinianas, que veremos a seguir, sobre a etiologia das neuroses, entendendo que se concedeu demasiado espaço ao exercício da fantasia em detrimento da realidade externa e aos fatores herdados. Tampouco concede tanta importância ao papel do ego como é dada por autores como Hartmann e Rappaport.

Entende que fatores inatos da vida instintiva da criança são influenciados pelas experiências vividas na relação com os pais. O comprometimento das funções vitais da criança como alimentação, sono, excreção e respiração é indicador de uma relação perturbada entre mãe-filho.

Corrobora com os achados de Freud, quanto ao significado de presente que as crianças atribuem primariamente à urina. Cita, para comprovar isso, que é muito comum se observar que as crianças urinam quando são pegas no colo por outras pessoas, como se lhes dessem um presente.

Encontrou casos semelhantes aos descritos por Freud, nos quais as crianças enuréticas acreditavam que a fecundação e o contato sexual entre os pais se davam quando o pai urinava e defecava sobre a mãe. Outra criança pensava que os bebês nascem ao se urinar.

A autora assinala a incidência de ligeiras perturbações no sono da criança que está adquirindo o controle dos esfíncteres. Perturbações do sono mais graves poderão ocorrer em situações tais como o nascimento de um irmãozinho, até porque, nessa situação, a mãe tende a acelerar o controle esfincteriano da criança.

Relaciona o processo enurético com a atitude dos pais em relação à enurese do filho. A complacência diante desse sintoma é vivida pela criança como um desejo dos pais por mantê-la. Relata que, em vários casos, os pais também foram enuréticos na infância. Mas o contrário também foi por ela observado: pais que tiveram severos e precoces treinos esfincterianos vacilam em privar seus filhos das gratificações uretrais. Portanto, a atribuição de uma herança familiar para a enurese estaria relacionada com a transmissão intergeracional de atitudes e desejos inconscientes e não a uma enfermidade orgânica familiar. O que a criança representa para o pai e para a mãe condiciona os resultados do treino dos esfíncteres. Um dos mais frequentes seria o desejo de permanecer infantil, de não crescer, compartilhado entre pais e filhos. De forma mais geral, a enurese deve ser entendida como uma perturbação da relação pais-filhos.

A propalada regressão à enurese diante do nascimento de um irmãozinho, assim como de uma mudança de babá ou de uma doença da mãe, é entendida por Melitta como uma reação ante a desilusão experimentada ou como uma identificação com o recém-chegado.

O ego das crianças enuréticas é bastante forte, inventivo e insistente e é o superego que deverá ser tratado, já que ele não só conduz como também alenta semelhante conduta.

A enurese seria um substituto regredido de impulsos sexuais, agressivos e perversos. Melitta encontrou em todos os casos de crianças enuréticas uma escassa tolerância da tensão dos instintos e a urgência de liberar essa tensão na realidade. A enurese não é uma enfermidade, mas uma conduta sintomática que indica uma perturbação encoberta da personalidade e do caráter, que pode se tratar desde uma neurose, uma desordem de caráter, uma perversão, uma psicopatia e, em alguns casos, uma psicose.

A enurese pode ser uma maneira de o menino exibir seu pênis, mesmo que sob a forma de sintoma. Mas a maior incidência de enurese nos meninos estaria relacionada com a angústia de castração. Constata que a enurese é com mais frequência encontrada em meninos que temem que seus genitais sejam danificados, independentemente de terem sido ameaçados de retaliação na realidade. Seria um medo de ser castigado com a castração por causa da masturbação. A enurese representaria tanto um substituto da masturbação proibida como sua punição.

Nas meninas, a enurese também seria uma reivindicação fálica, mascarando uma agressividade recalcada e expressa em timidez acompanhada de conduta hostil e destrutiva.

Tanto para a menina quanto para o menino, a enurese reflete uma excessiva estimulação sexual. Em geral, são crianças precocemente erotizadas. Observa-se uma exposição demasiada da criança a ações dos adultos, aos cuidados maternos, a seduções das mais variadas formas. A criança diante de uma excitação exacerbada, e não tendo ainda seu aparato genital completamente a seu serviço, recorreria à micção como forma de satisfação de seus impulsos. Os sentimentos de culpa diante dos impulsos sexuais também colaboram para que a criança se mantenha fixada nesse prazer autoerótico, aparentemente mais inofensivo.

Confirma as ideias de Freud de que a enurese persistente até a adolescência seria um equivalente à masturbação. Pode derivar para dificuldades sexuais na vida adulta.

Além da ejaculação precoce, como demonstrado por Abraham, essa autora associa alguns casos de frigidez feminina com a enurese na infância. Nas mulheres, a enurese que perdura até a maturidade pode estar relacionada a uma evitação das relações sexuais.

A persistência da enurese também é uma resistência à análise. O avanço da análise produz-se quando a enurese desaparece, mesmo que temporariamente. Surge, em seu lugar, outras manifestações antes sem descarga na vida de vigília.

> Eliminar o sintoma da enurese sem procurar com a criança outras saídas conduz ao deslocamento de sintomas que podem não ser tão evidentes ao meio familiar e talvez nem sequer se relacionem com a síndrome precedente. Estes novos sintomas são de costume de natureza caracterológica e se manifestam em desordens da conduta que podem ser mais danosas para a criança do que a enurese. (Sperling, 1980)

Melitta Sperling (1980) afirma que em 95% de todos os casos de enurese não se pode detectar causa orgânica alguma.

A enurese está presente em crianças independentemente de seu nível intelectual, social ou cultural. Não foi encontrada, como poderia ser de se esperar, uma maior incidência de casos de enurese nos grupos de crianças intelectualmente atrasadas.

Crianças que perderam suas mães em tenra idade e foram internadas em instituições de abrigo ou mudaram várias vezes de lares adotivos frequentemente apresentam enurese, sugerindo uma estreita relação entre enurese e vínculos afetivos.

Faz um interessante relato de uma intervenção psicanalítica breve, quatro sessões, para uma menina enurética de 13 anos, bem ao modo freudiano, que vale a pena visitar no fim desse trabalho.

Melanie Klein e seus discípulos

Klein atribui um grande papel aos excrementos na formação das fantasias tanto da menina quanto do menino. Discorrer sobre as ideias dessa autora a respeito da enurese e da encoprese nas crianças impele-nos a contextualizá-las minimamente em suas construções teóricas.

A criança kleiniana tem uma configuração bastante peculiar. A história da criança é a história da pulsão. Ela é determinada pela quantidade de instinto de vida e de morte presentes na inveja e no ciúme. Diferentemente do que pensava Freud, para ela o inconsciente e as pulsões (ou melhor, os instintos) são correlativos e estão presentes no ser humano desde seu nascimento.

Melanie Klein entende o sujeito exposto única e exclusivamente à força da sua instintividade, na dialética entre o instinto de vida e o instinto de morte. É em função dessa luta intrapsíquica que se estabelecem as ansiedades básicas paranoides e depressivas e as neuroses como defesas diante dessas ansiedades. A partir do nono mês de vida se estrutura o Édipo precoce.

Para Klein e seus seguidores não há relação pré-objetal. O objeto interno corresponde às pulsões e existe desde as origens. Para ela, segundo Figueira (1991, p. 309) "[...] o objeto real externo não tem quase nenhum poder de estruturar o psiquismo do sujeito". A relação com o outro, com a mãe real, é contingente e não estruturante.

As fantasias inconscientes já estão presentes na fase mais primitiva da vida. Aliás, essa autora privilegia a dimensão imaginária da fantasia e faz dela o eixo principal em torno do qual giram suas concepções. A única realidade psíquica é a fantasia. Klein, portanto, propõe uma posição imaginária para o objeto mãe.

Explica-nos Volnovich (1991), que

> [...] a diferença central que Melanie Klein estabelece com Freud é que toda a teoria kleiniana gira em torno do relacionamento de objeto, seja este parcial ou total. Saúde ou doença vão ser definidos no sujeito a partir das vicissitudes da relação de objeto, numa interpretação abusiva do conceito de libido objetal em Freud...

A neurose infantil é uma formação defensiva que aparece precocemente para resguardar a criança contra as situações de angústia psicótica. A criança é considerada como um indivíduo, é ela quem é diagnosticada, de acordo com as forças intrapsíquicas em conflito.

O grande mérito de Klein foi o de recuperar a soberania dos processos inconscientes, contrapondo-se radicalmente a Anna Freud.

Supera o conceito de fixação em Freud ao propor as posições esquizoparanoide e depressiva, recicladas permanentemente durante a vida. Elas não se sucedem nem se precedem, mas coexistem numa relação dialética. E cada posição determina uma forma de angústia, de defesa e de relação de objeto, assim como uma forma de simbolização e subjetividade decorrentes. Para Ogden (1996, p. 30), "o sujeito kleiniano não existe numa determinada posição ou nível hierárquico de posições, mas numa tensão criada *entre* posições".

Vejamos como Goldgrub (2001) analisa as contribuições kleinianas:

> Em certo sentido, pode-se dizer que a proposta de uma nova nosografia (consubstanciada na conceituação das posições esquizoparanoide e depressiva), através da qual Melanie Klein secundariza as categorias freudianas (neurose, psicose, perversão), revela por si só a aproximação com o campo biológico, na mesma medida em que a escolha do modelo da psicose parece acarretar a aceitação da perspectiva "psicopatologizante" própria da psiquiatria. Isso não significa, obviamente, que o enfoque kleiniano seja completamente organicista, mas sim que a respectiva teoria delega ao biológico sua base epistemológica. Em

consequência, nessa perspectiva, o orgânico se apresenta como um dos fatores determinantes no que se refere à constituição da identidade, podendo inclusive limitar o alcance da clínica psicanalítica.

Sobre o erotismo uretral e a enurese

Seguindo a linha de investigação de Abraham, Melanie Klein (1964) descobriu que entre os estágios sádico-orais e sádico-anais haveria um estágio sádico-uretral, numa íntima ligação de continuidade com o sadismo oral.

Afirma ela: "Até onde pudemos notar, a tendência sádica mais estreitamente ligada ao sadismo oral é o sadismo uretral". E mais: "[...] gostaria de sublinhar a enorme importância, até agora pouco reconhecida, do sadismo uretral no desenvolvimento da criança".

No sadismo oral, o objeto atacado é o seio da mãe por intermédio dos dentes e mandíbulas. Os desejos sádico-orais não satisfeitos são intensificados, ativando, posteriormente, outras formas de sadismo. A frustração oral gera fantasias nas quais a criança está excluída dos prazeres sexuais, a princípio orais, que os pais desfrutam mutuamente. Derivados dessas fantasias invejosas surgem os desejos de esvaziar, chupar e devorar todos os líquidos e substâncias que os pais possuem dentro do corpo, até mesmo aqueles que teriam adquirido durante o coito.

No sadismo uretral, assim como no anal, o objeto fantasiadamente destruído, primeiramente é o seio materno que rapidamente se dirige a todo o interior do corpo da mãe utilizando-se da urina e das fezes.

Melanie Klein (1936) desaconselha que o treino esfincteriano coincida com o período do desmame: "Este treino constitui certamente um esforço considerável para o bebê, tanto mental quanto fisicamente, e não deve lhe ser imposto enquanto está lutando com as dificuldades do desmame".

Para essa autora, a enurese é tanto um ato de presentear quanto sádico de atacar. Em seu aspecto positivo, a urina representa o leite da mãe porque a criança equipara, inconscientemente, todas as substâncias corporais. Mas o corpo e produtos da mãe passam a ser odiados porque a frustram. A criança privada do leite materno reage com fantasias de ataque ao seio em que inunda, submerge, encharca, queima e envenena por meio da urina. O seio que era alvo de seu prazer passa a ser objeto de desprazer e passa a atacá-lo. Por vingança, fantasia produzir uma grande quantidade de urina para inundar o seio que não lhe fornece a quantidade de leite que deseja, assim como fantasia envenenar com a má urina o seio e o leite que lhe parecem maus.

A urina é fantasiada como um líquido solvente e corrosivo, como um veneno insidioso e secreto, representada por animais selvagens e armas de toda espécie. O calor da urina leva a criança a associar a micção com o fogo e a combustão. A popular relação entre brincar com fogo e urinar na cama expressa os sinais mais visíveis e menos recalcados dos impulsos ligados ao erotismo uretral. Nas sessões analíticas é comum se observar como as crianças expressam uma íntima relação entre as brincadeiras com água e com fogo.

Na menina, o sentimento de onipotência dos esfíncteres é mais insidioso e durável para o desenvolvimento da vida sexual e da formação do ego do que no menino. Nela, os ataques sádicos fantasiados contra a mãe são mais mágicos, vigorosos, duradouros e secretos. Em sua fase sádica, acredita profundamente no poder mágico de sua urina, o que a leva a identificar-se, em menor intensidade do que o menino, com o pai sádico. O fato de o pai possuir um pênis, que é concebido como um instrumento de crueldade, faz com que a menina o veja como possuindo poderes uretrais especiais. A enurese que, primariamente, expressava uma posição feminina, passa a representar uma posição masculina (tanto quanto para o menino), uma vez que por meio dela busca destruir a mãe e introjetar o pênis do pai. Essa posse imaginária do pênis do pai reforça sua crença no poder mágico e destrutivo de seus excrementos e pensamentos.

Já o menino se utiliza de seu pênis para exercer seu sadismo, identificando-o a fezes perigosas, cheio de urina má que pode destruir nas fantasias de copulação.

As fantasias de destruição de um ou dos dois genitores por intermédio dos excrementos pode se transformar em fantasias de infligir sofrimento moral a eles ou em fantasias de controle e domínio intelectual pelos secretos ataques. São essas fantasias potencializadas que se encontram nas enureses das crianças.

Mas também a incontrolabilidade dos esfíncteres – a incontinência urinária – é fonte de ansiedade relativa ao descontrole de seu interior, como dos seus impulsos de morder, de sujar, a agressividade, a voracidade e o ódio. Os mecanismos paranoides veem-se intimamente relacionados com a onipotência dos esfíncteres, vindo a ser empregados secundariamente para fins defensivos diante do medo de represálias.

Nos enuréticos, as fantasias mais comuns são as relativas às de destruição por inundação, afogamento, molhadeira, queimadura, envenenamento decorrente de enormes quantidades de urina. Essas fantasias sádicas que acompanham a enurese e a encoprese podem ser decorrentes do momento em que a criança assiste à cena primária.

Por outro lado, os sentimentos de culpa e o desejo de dar e receber satisfações libidinosas podem impeli-la a fazer reparações nas quais os excrementos "bons" suplantariam os excrementos "perigosos".

Relata o processo analítico de Trude, uma menina enurética e encoprética que pode ser lembrado no término desse trabalho.

Sobre o erotismo anal e a encoprese

Para Melanie Klein, o sadismo alcança seu ponto máximo na emergência dos instintos sádico-orais e declina no fim do estágio anal expulsivo, que forma a base da paranoia. Detalha também a estrutura das fantasias desse primeiro estágio anal.

Localiza no primeiro ano de vida da criança grande parte das fixações sádico-anais. O erotismo sádico-anal designa o prazer extraído da zona erógena anal que se concentra nos processos excretores, nas fezes e no ânus.

> Quando se instaura o complexo edípico, o que, segundo minhas observações, se dá no fim do primeiro ou no começo do segundo ano de vida, acham-se plenamente em ação os primeiros estágios já mencionados: sádico-orais e os sádico-anais. Entram em conexão com as tendências edípicas e se dirigem para os objetos em redor dos quais se desenvolve o complexo edípico: os pais. (Klein, 1921)

A expulsão das fezes simboliza uma expulsão do objeto incorporado, acompanhada por sentimentos de hostilidade, crueldade e desejos destrutivos diversos.

A matéria fecal representa armas de fogo e projéteis. Crianças maiores, em pleno exercício do sadismo anal, atribuem às fezes o significado de animais perigosos e substâncias venenosas atacantes, que podem danificar e envenenar o corpo da mãe e o pênis do pai. Diante de uma frustração real com relação aos pais, seus ciúmes ou seu ódio farão com que fantasie um ataque com seus excrementos ardentes, para perturbar a relação sexual entre eles. As angústias renovadas pela posição paranoide, o objeto atacado e morto em seu interior se equipara com as fezes e os flatos. Klein segue Abraham, ao afirmar que, nos paranoicos, a libido efetuou um recalcamento ao primeiro estágio anal.

O medo de suas próprias fezes, observado na análise de crianças e adultos, fizeram-na teorizar que derivam das fantasias sádicas, nas quais a urina e as fezes endurecidas (*scybalum*), que perseguem o objeto por uma espécie de mágica, são empurradas e ficam alojadas no ânus e outros orifícios desse objeto. Sente medo de seus próprios excrementos porque é prejudicial a si e aos objetos, além de temer que uma retaliação lhe seja feita secretamente pelas fezes dos objetos atacados. Esses temores podem derivar para temores hipocondríacos, à medida que acredita ter uma série de perseguidores dentro de seu corpo e ser envenenado.

O medo de que suas fezes tenham adquirido existência autônoma, fora de seu controle, foi encontrado na análise de crianças e adultos, por meio de fantasias de ataque de pequenos animais tais como ratos, moscas e pulgas (zoofobias).

Na análise de crianças pequenas observou que elas expressam o medo de que a mãe cruel possa reivindicar os bebês e fezes roubadas. No treino dos esfíncteres, a mãe ou a babá podem ser vistas como pessoas aterrorizantes que, além de lhe exigir a renúncia às fezes, pretendem arrancá-las à força do seu corpo.

Pedaços de fezes são equiparadas ao pênis, o que faz com que as propriedades das fezes aumentem o caráter perigoso e sádico do pênis e do objeto perseguidor.

Na primeira parte da fase sádica, os ataques impetrados pelos excrementos são diretos, ao passo que numa segunda fase, que coincide com o primeiro estádio anal, adquirem o caráter explosivo e venenoso, incluindo métodos mais apurados e discretos e mais perigosos. Esse período seria o ponto de fixação da paranoia.

Segundo equivalência simbólica, fezes também são identificadas a crianças ou bebês. Nas meninas, as fantasias de "más fezes" internas promovem a produção das fantasias de ter no interior de seu corpo um "mau bebê", um bebê monstruoso e disforme. A predominância de um "mau" pênis e excrementos perigosos internalizados posteriormente gerará angústia na sua relação com o filho real. A onipotência dos esfíncteres e do pensamento pode se transformar em formações reativas, traduzidas por uma onipotência construtiva. Tendem a ser dedicadas e altruístas. Quando mães, a amamentação vem comprovar que suas fantasias infantis de ataques contra o seio materno não se realizaram ou foram reparadas, sua urina equiparada ao leite não é danoso e seu próprio seio não foi destruído. Ou, então, imprime tremendos esforços por embelezar os bebês imaginários e embelezar o próprio corpo.

> A intensa necessidade das mulheres de possuírem um belo corpo e um lar aprazível, assim como a beleza em geral, baseia-se em seu anseio de possuírem um belo interior de seu corpo, onde se alojem os objetos 'bons' e bonitos e os excrementos inócuos. (Klein, 1932)

Bom e bonito são equivalentes para a criança pequena.

Constipações intestinais frequentes podem ocorrer para responder à necessidade de armazenar e guardar as fezes dentro de si para não se esvaziar.

Arminda Aberastury

Outra pioneira da psicanálise com crianças, Arminda Aberastury defende a posição de que o treino dos esfíncteres não deva ser iniciado antes dos 2 anos de idade. Relata que todos os pacientes enuréticos que analisou e de que teve notícia por parte de seus colegas analistas, tiveram uma aprendizagem precoce e severa do controle dos esfíncteres. Acredita que a aprendizagem rígida e prematura de controle da urina e fezes pode gerar posteriores produções neuróticas, na medida em que desencadeia um precoce desenvolvimento do ego. A criança passaria a entender que estaria repleta de objetos maus e aterradores, representados pela urina e as fezes. Partindo do pressuposto de que a criança atribui um valor sádico-destrutivo para seus produtos, a precoce exigência de renúncia a eles faria com que suas "sujeiras e maldades" ficassem excessivamente evidenciadas e confirmadas. As pessoas responsáveis pelo treino dos esfíncteres se transformariam em figura aterradora, violentadora porque retiraria suas poderosas armas de luta contra o mundo fantasiado como hostil e perigoso.

Aberastury recomenda o início do controle de esfíncteres aos 2 anos porque, nessa idade:

- a criança teria chegado a uma fase de seu desenvolvimento quando suas excreções perdem sua periculosidade fantasiada;
- a imagem materna pode permanecer estável sem o predomínio da imago aterradora;
- a criança pode alcançar uma estabilidade e destreza motora suficientes para se movimentar no urinol, sem um incremento da ansiedade.

Recomenda, também, que a aprendizagem seja realizada pela pessoa que tenha um vínculo afetivo com a criança para quem se permita entregar seus produtos sem muita ansiedade. O nível de exigência deve ser estável e, uma vez iniciado o treino, não deve ser suspenso.

Apoiando-se em Freud, Abraham, Deutsch, Glover, English e especialmente em Klein, essa autora relata os mecanismos e fantasias que encontrou no tratamento de crianças enuréticas.

A excitação sexual do enurético termina com a eliminação da urina, correspondendo a enurese à masturbação, mas também à tentativa de descarga dos impulsos hostis representados nas fezes e na urina. Portanto, a enurese estaria expressando tanto um ato positivo de entrega como um ato sádico de ataque. É frequente, também, que as crianças enuréticas urinem acreditando em um exorcismo do seu mal.

A enurese seria a expressão de uma posição feminina no menino e masculina na menina. Na masturbação, a menina enurética realiza fantasias de posse de um pênis potente que teria roubado de seu pai, que admira e inveja. O menino enurético realiza fantasias de feminização durante a masturbação, de posse de uma vagina que inunda sem controle. As crianças enuréticas frequentemente brincam, sonham e desenham que estão urinando como se fossem do sexo oposto: os meninos fantasiando possuir buracos que podem ser penetrados e as meninas urinando em pé e possuindo um pênis tanto quanto a mãe é assim fantasiada. Encontrou em suas pacientes enuréticas a fantasia de que a urina significa os filhos concebidos com o pai, de quem deseja não só a gratificação do ato sexual, mas também um produto desse ato: bebês urinários. Urinar significava para uma menina enurética expulsar filhos.

Outro mecanismo frequente encontrado por essa autora na enurese é o temor de que a masturbação tenha danificado os genitais e que, por causa disso, a urina não pode ser controlada.

Mais do que desejo de chamar atenção em busca de carinho e cuidado dos pais, Aberastury acredita que a criança enurética busca o castigo e a humilhação por fantasias e sentimentos pelos quais se sente profundamente culpada. A intensificação do masoquismo é evidente nos enuréticos e a enurese significa a volta da agressão contra si mesmo. As fantasias sádico-uretrais estão relacionadas com um intenso masoquismo. O incremento de tendências destrutivas em relação ao corpo da mãe leva a um aumento da ansiedade e, por regressão, conduz a mecanismos de defesa relativos a estágios anteriores. A criança enurética vê-se sob a influência de um superego vigoroso e sádico típico dos estádios arcaicos do desenvolvimento. Esse superego primitivo reforça as fixações sádicas da criança que passa a necessitar repetir continuamente atos destrutivos originários de modo compulsivo e continua urinando-se. As exigências do superego gratificam-se com a vergonha, dor, castigo, miséria, sofridos pela criança enurética em sua vida diária em virtude de seu sintoma.

A urina também pode estar representada como o líquido amniótico, sendo que a enurese expressaria fantasias de retorno ao útero para proteger-se da exigência sobre a definição sexual. A enurese é mantida pela angústia diante da genitalidade adulta que exporia os meninos a graves perigos na posição masculina porque esperam grande dano por parte do genital feminino. Meninos enuréticos apresentavam frequentemente o temor ao genital feminino que poderiam se manifestar de muitas formas, como a inibição para a aprendizagem.

A enurese pode ser representada nos desenhos, por exemplo, como chuva caindo sobre as flores.

Susan Isaacs

Diferentemente de Freud, essa autora acredita que, inicialmente, o processo de defecação é vivido pelo bebê como altamente desprazeroso, na medida em que passa por sofrimentos devidos aos gases e às cólicas. Uma vez que os movimentos intestinais são associados à dor e tensão, as fezes são sentidas como más. O processo de defecação só passa a ser vivido como prazeroso por volta dos três meses de idade.

D. W. Winnicott

Os originais pensamentos de Winnicott trazem importantes contribuições para o entendimento do que se encontra em jogo no erotismo uretral e anal, na enurese e na encoprese. Para melhor nos situarmos, vamos rapidamente marcar algumas de suas principais formulações.

A criança winnicottiana teria uma tendência inata para se desenvolver e se unificar, sendo que o meio ambiente influenciaria marcantemente esse processo, considerando um mundo interno povoado de fantasias. Para ele, o psiquismo do bebê vai surgindo na relação com o outro humano. O objeto interno, para Winnicott, diferente de Melanie Klein e semelhantemente a Freud, é construído, não é inato.

Parte do postulado fundamental da unidade quase perfeita mãe-bebê. A mãe real tem uma importância vital nos primeiros tempos de vida da criança, uma vez que o bebê se encontra num estado de dependência absoluta e indiferenciação em relação a ela. Descreve as relações iniciais da criança com sua mãe introduzindo as noções de *holding*, *handling* e *playing*, que traduzem o caráter direto e transitivo dessa relação.

Contraria Klein quando introduz a ideia de objeto transicional. O objeto materno, para ele, tem uma posição simbólica e não só imaginária. Os conceitos de zona e objetos transicionais não se reduzem ao ego do bebê nem ao ego da mãe.

Winnicott coloca a realidade da personalidade da mãe, de seus conflitos identificatórios, de seu narcisismo, na estruturação da personalidade da criança.

Os distúrbios psíquicos decorrem dos graus e variedades das carências de adaptação materna e da maneira como o bebê os processa.

Portanto, o sujeito winnicottiano surge no espaço potencial entre a mãe e o filho, que não existe nem na realidade nem na fantasia, envolvendo uma série de paradoxos.

Ogden (1996, p. 55) auxilia-nos bastante na explicitação da constituição do sujeito winnicottiano:

> O sujeito não pode criar a si mesmo; o desenvolvimento da subjetividade requer experiências de formas específicas de intersubjetividade. No começo, a subjetividade e a psique individual não coincidem: "Um bebê é algo que não existe". A constituição do sujeito no espaço entre mãe e bebê é mediada por eventos psicológico-interpessoais, tais como a identificação projetiva, a preocupação materna primária, a relação especular, o relacionamento com objetos transicionais e as experiências de uso do objeto e de compaixão. A apropriação do espaço intersubjetivo representa um passo crítico no estabelecimento da capacidade do indivíduo de gerar e manter as dialéticas psicológicas (por exemplo,

consciência e inconsciente, eu e não-eu, eu e mim, eu e tu), por meio das quais ele é simultaneamente constituído e descentrado como sujeito.

Não cabe nesse trabalho discorrermos detalhadamente sobre esses apontamentos e sim auxiliar na busca por essa valiosa contribuição.

O que fica aqui evidente é a distância que Winnicott vai tomando da criança kleiniana e da criança freudiana.

É assim que Loparic (1996, p. 47) sintetiza os enunciados winnicottianos em sua diferença com os freudianos:

> Em resumo, na teoria de Winnicott do amadurecimento humano, alteram-se todos os elementos teóricos com que foi descrita a situação edípica pela psicanálise tradicional: no lugar do sujeito com a constituição biológico-dinâmico--mental, o bebê que tem como única herança o processo de amadurecimento (que não é nem biológico, nem dinâmico, nem mental); no lugar da mãe-objeto pulsional, a mãe--ambiente; no lugar da experiência de satisfação instintual, as necessidades oriundas do próprio existir; no lugar da sexualidade infantil, a dependência; no lugar da mãe libidinal, a mãe da preocupação primária; no lugar da situação intramundana determinante a três, o bebê num mundo subjetivo de dois-em-um, próximo do estado de não ser. No essencial, a teoria da progressão programada das zonas erógenas fica substituída pelo processo sempre incerto e instável de integração progressiva do indivíduo.

Apesar de Winnicott realçar a importância da interação mãe/bebê e o papel da mãe no processo constitutivo da subjetividade da criança, sua clínica privilegia a criança como sujeito de seu próprio discurso.

Os conceitos de fenômenos transicionais, de gênese do "não eu" e de ilusão-desilusão são fundamentais nas negociações entre a mãe e a criança no momento do ensino de controle esfincteriano: Diz-nos, Winnicott (1936):

> A mãe que reconheceu o presente da criança como tal está numa boa posição para pedir-lhe um outro presente, o desenvolvimento do controle, como o que ela exerce sobre suas próprias excreções e emoções. É a ausência dessas satisfações infantis primitivas que produz a criança da instituição, notoriamente sujeita à enurese.

Para Winnicott, a enurese pode ter muitos significados inconscientes: expressar amor, ódio, reparação ou uma tentativa de expulsar o mau para fora. Pode também sinalizar uma depressão latente ou uma tentativa de preencher um buraco resultante do esvaziamento sentido nos processos de conversão do amor pela mãe em cobiça pela frustração experimentada.

Assim como em outros sintomas refletidos no corpo, na enurese, subjacente ao prazer há ansiedade ou sentimento de culpa.

Acredita Winnicott que o medo de se urinar tem uma importância fantasmática na vida das crianças, mesmo para aquelas que nunca manifestaram uma enurese concretamente, uma vez que traduz uma parte essencial da relação delas com seus pais externos e internos.

Uma enurese temporária pode surgir no decurso de uma análise quando o sentimento geral de culpa se atenua, sendo, portanto, sinal de melhora de seu desenvolvimento emocional.

Atenta, também, para a gravidade dos casos em que o único sintoma apresentado pela criança seja a enurese, porque esse seria um sinal de que ela não contaria com uma plasticidade de expressão de suas dificuldades emocionais.

Sobre a enurese ou qualquer outro quadro clínico, faz contundentes observações que ilustram bem seu posicionamento psicanalítico diante do saber médico:

> Um aviso: tenho um certo temor de descrever questões psicológicas para uma audiência de médicos. Os médicos parecem ter que *tratar e curar* todo sintoma. Em psicologia, porém, isto é uma cilada e uma ilusão. Deve-se ser capaz de notar os sintomas sem tentar curá-los, porque cada sintoma tem seu valor para o paciente e, com muita frequência, é melhor deixar o paciente com seu sintoma. (Winnicott, 1988)

E ainda:

Embora do ponto de vista puramente físico qualquer desvio de saúde possa ser considerado anormal, a isto não se segue que um empobrecimento da saúde física devido à tensão e ao sofrimento emocional seja necessariamente anormal. Este ponto de vista surpreendente requer elucidação.

Tomando um exemplo bastante grosseiro, é muito comum que uma criança de dois a três anos de idade fique muito transtornada com o nascimento de um irmãozinho. À medida que prossegue a gravidez materna, ou quando o bebê chega, uma criança, até então robusta e sem motivos para sofrer, pode tornar-se infeliz e temporariamente magra e pálida, e desenvolver ainda outros sintomas como enurese, irritabilidade, náuseas, constipação, congestão nasal.

Encontramos poucos trabalhos de Winnicott que nos auxilie na compreensão da encoprese. Mas Saúl Peña relata um atendimento a um menino encoprético, supervisionado por Winnicott, que ilustra a forma desse pensador construir sua clínica. Esse caso clínico se encontra no fim desse trabalho.

Autores da psicossomática psicanalítica

A enurese e a encoprese, principalmente essa última, têm sido apontadas por vários autores como manifestações psicossomáticas da criança.

Para Volich (1997), na psicossomática psicanalítica as somatizações representam uma impossibilidade ou uma falha na elaboração psíquica da excitação pela fantasia, pelo sonho ou pelo sintoma neurótico. Esses postulados têm provocado fervorosas discussões sobre o estatuto da psicossomática dentro do campo da psicanálise, sobre a diferença entre transtornos psicossomáticos e os sintomas histéricos, sobre a propriedade da concepção de uma psicossomática na infância e sobre a propriedade de inclusão ou não da enurese e encoprese dentre os fenômenos psicossomáticos.

Se, com justiça, devemos apontar para uma diversidade de pensamentos e pensadores atuais dentro de uma visão da psicossomática psicanalítica, não podemos deixar de apontar o que os clássicos autores como Lebovici, Soulé, Kreisler, Fain, Cramer e Debray propuseram sobre a criança enurética e encoprética.

Afirmam esses autores que a vida mental do bebê surge na dialética entre as interações e cuidados maternos e sua ausência. Os fenômenos psicossomáticos são determinados em função das falhas dessas relações primitivas.

Lebovici foi um dos primeiros psicanalistas a questionar a utilização do método psicanalítico desenvolvido na cura de adultos quando dirigido a crianças, em especial bebês. Interessou-se pelas interações precoces que se referem aos períodos anteriores à organização edípica, ou seja, pré-edípicos.

Lebovici (1987) desenvolve, em conjunto com autores como L. Kreisler e B. Cramer, o conceito de interações fantasiosas. "A interação mãe-bebê é hoje concebida como um processo ao longo do qual a mãe entra em comunicação com o bebê enviando-lhe 'mensagens', enquanto o bebê, por sua vez, 'responde' à mãe com a ajuda de seus próprios meios".

Diferentemente de abordagens que veem as relações pais-bebê como uma via de mão única, ressaltam a capacidade do bebê de influenciar sua circunstância humana, ao mesmo tempo que se vê submetido à influência dessa circunstância. Diferentes tipos de maternagem podem ocorrer em resposta às formas como os bebês entram nas interações parentais.

Especialmente para Kreisler, a estrutura das relações familiares é determinante para os fenômenos psicossomáticos na criança. A mãe desempenha funções fundamentais como provedora de satisfações de necessidades vitais, mas também como protetora contra as ameaças externas e internas do bebê. Ela opera como uma para-excitação. As falhas na execução dessas funções é que podem causar uma desestabilização do funcionamento psicossomático da criança.

Lebovici e Soulé (1970) ensinam-nos que nos primeiros meses de vida o ato de defecação não é voluntário, mas essencialmente reflexo. A partir dos três meses de idade, a criança vai participando mais ativamente da defecação, na mesma medida em que as fezes vão tendo uma consistência mais moldada, mais compacta e mais rara em função da introdução de novos alimentos.

Com Lebovici, Soulé (Lebovici e Soulé, 1970) aponta para o que o treinamento dos esfíncteres da criança mobiliza na mãe. Tanto quanto a lactância, o treinamento dos esfíncteres reativa conteúdos inconscientes primitivos na mãe, que se atualiza na sua forma de conduzir seus cuidados, ao que a criança reagirá amplamente. Uma mãe excessivamente incomodada com a analidade de seu filho poderá promover na criança não um prazer de presenteá-la com suas fezes, mas angústia quando senti-las no trato intestinal e temor de ser destruído por dentro. Fantasia possuir algo assustador, que retém e expulsa agressivamente em direção à mãe, em complexos jogos autoeróticos.

> Adestramento fácil ou oposição, curiosidade e manipulações, sujeiras, são alguns dos aspectos de uma relação a dois na qual o objeto fecal adquire uma significação em função do objeto materno para a criança e do objeto filho para a mãe. Por isso, a partir daí, suas relações se veem profundamente modificadas e ao mesmo tempo estruturadas.

Corroboram com outros autores sobre o perigo de surgirem efeitos danosos mediante um treino precoce, demasiado coercitivo e intrusivo como o aparecimento de mecanismos obsessivos, sob a forma de uma neurose, ou com mais frequência de um caráter obsessivo paranoico. Aconselha que esse treino não se inicie antes que a motricidade esteja estabelecida por completo, na tentativa de se evitar que a criança se sinta abusada diante de sua impotência. Diante de quadros de enurese ou encoprese, esses autores indicam uma investigação psicológica da relação mãe-criança em lugar de se priorizar a utilização de supositórios e demais manipulações erotizantes e traumatizantes ao corpo da criança.

Fain (Kreisler, Lebovici e Soulé, 1974) atenta para a difícil e dolorosa ultrapassagem que a criança deve realizar de sua posição narcísica de "sua majestade o bebê" para o treino dos esfíncteres. Até então, recebia aplausos pelos seus excrementos, agora lhe solicitam que evacue solitariamente num lugar pequeno e fechado. Encontra-se, então, encerrada com suas angústias e fantasias que podem se derivar em fobias ao banheiro, à privada, ao barulho da descarga, à defecação. Mas, se essa é uma transição que deve ser auxiliada pelo adulto, nem por isso devem ser defendidas as atitudes também narcisistas daquelas mães que levam seus filhos tardiamente aos sanitários, perpetuando, assim, uma relação excessivamente íntima e erotizada com eles.

Lebovici e Soulé (1974) concebem a enurese como um protesto diante dos avatares do conflito edípico e da angústia de castração. Em sua multideterminação, significaria um protesto viril, uma manifestação masturbatória, uma agressividade oculta sob a forma de passividade indolente e outras mais. De qualquer forma, é dentro de uma dialética entre um domínio neuromuscular mal estabelecido e uma relação com o entorno que deve ser compreendida.

Aguçados pelas mensagens transmitidas pelo corpo da criança, principalmente nas afecções psicossomáticas, Kreisler,

Fain e Soulé (1974) discorrem sobre a importância do erotismo anal na clínica com crianças:

> No limiar do período de latência... as crianças efetuam normalmente, após o conflito edipiano, certa regressão no decorrer da qual ressexualizam um pouco o seu pensamento, o que facilita os processos de aprendizagem, ao mesmo tempo que volta a desenvolver certo erotismo anal.
>
> Esse erotismo anal, escondido dos pais e dos educadores, exterioriza-se facilmente entre as crianças da mesma idade... A existência normal desse erotismo localizado permite justamente que o pensamento enverede por um caminho sublimado, sem ser perturbado por um simbolismo anal acentuado demais.

A patologia instala-se quando o erotismo anal é parasitário do meio familiar, a criança não se isola para realizar suas funções excretórias, permanece agarrada aos objetos edipianos, o que a atrapalha de viver com normalidade sua latência. Sob os estados fronteiriços da clínica psicossomática estão as chamadas encopresias psicogenéticas. Elas alertam para o desenvolvimento de uma fixação no estágio anal da organização libidinal, decorrente de certas intercorrências médicas duvidosas e dispensáveis na região anorretal ou no cólon terminal. Acreditam que, mesmo diante de um histórico comprovadamente orgânico, a partir de certo momento, foi a fixação erótica que manteve o distúrbio. Diante de uma má-formação retal congênita, como, por exemplo, uma imperfuração anal incompleta, intervenções várias podem ser feitas sem que nenhuma melhora do quadro ocorra. Nenhuma justificativa anatômica e funcional pode ser atribuída a esses distúrbios. Concluem que, diante de um quadro orgânico inicial, dificilmente pode-se precisar em que medida se deve atribuir a persistência de uma encoprese a fatores familiares ou a uma sucessão de manipulação clínica traumatizante. Certas operações cirúrgicas podem acentuar o medo de castração e impedem a evolução no sentido da organização genital. No estudo de um caso de criança originalmente portadora de uma má-formação anatômica, afirmam que

> [...] nas regras que cercam a defecação apresenta-se um momento extremamente importante: aquele em que a criança vai ao banheiro como seus pais e quando essa função perde o seu caráter público, ou seja, *quando ela deixa de ser vista*. Dentro da privada, isolada de seus pais, entrega-se então a um deboche imaginário; doravante, é ela quem se vê agir em mil ações que lhe conferem um grande sentimento de poderio; o nosso jovem paciente não se beneficiou dessa evolução e a sua defecação manteve-se por largo tempo pública, acompanhada de fantasmas concretizados em ações que eram *vistas do exterior*.

Casos em que a encoprese se apresenta simultaneamente a esforços físicos, como nas atividades esportivas, indicam uma insuficiente erotização da retenção das fezes. Nesses casos, a criança estaria necessitando de fantasmas reproduzidos em ações motoras para poder realizar a defecação em vez de produções puramente imaginárias.

A angústia de castração expressa-se de modo regressivo e direto pelo medo de ser esvaziado. A doença somática perpetua-se pela pobreza de suas manifestações mentais, relacionada com as angústias suscitadas nos pais diante do seu distúrbio, que se focalizam excessivamente na enfermidade e sua resolução.

M. Soulé e K. Lauzanne afirmam que é a retenção de matérias fecais que provoca ou está associada à encoprese, ou seja, a encoprese é como um compromisso entre a retenção e a evacuação, em diferentes graus de retenção da matéria fecal.

Kreisler, Fain e Soulé observam três tipos de encopréticos, sem pretender uma distinção exaustiva e absoluta sobre eles:

a) o "delinquente"
b) o "passivo ou vadio"
c) o "perverso ou psicopata".

Os ditos encopréticos delinquentes são aquelas crianças em que sua relação com a defecação é muito evidente. Apresentam evacuação totalmente voluntária e dissonante das regras estabelecidas. Retém as fezes o máximo de tempo possível no reto e depois as evacuam prazerosamente nas calças. Seus atos agressivos são premeditados e bem moldados, tanto quanto o formato de suas fezes. Sua vida fantasmática costuma ser pobre e a passagem ao ato é marcante. Esse *acting* impede a elaboração de funções mentais tendendo a desenvolver somatizações. O autoerotismo exterioriza-se de uma forma bastante complexa, sugerindo um futuro delinquente. Geralmente são filhos de pais impotentes e frustrados.

O encoprético passivo é extremamente dependente. As fezes são moles. Tende a se constituir como uma criança vadia. O meio familiar, em geral, é marcado pelo abandono, insuficiente e ineficiente na sua função de educador. Nesses casos de encoprese passiva, a depressão é compensada pela agressividade permanente que seu distúrbio provoca no mundo exterior, fazendo com que se proteja de uma autoagressividade constitutiva da depressão.

O chamado tipo perverso de encopréticos é descrito nos casos em que as crianças apresentam uma perversidade e um sadismo premeditados, mas que demonstram um severo comprometimento de sua vida fantasmática, sugerindo a possibilidade de um estado psicótico subjacente. A defecação realizada em público revela um importante quadro de despersonalização, derivada de uma falta de investimento do corpo da criança pela mãe. A premeditação de atos sádicos teria a função de devolver ao corpo um sentimento de unidade e de reter o objeto ativamente. Depois de soltá-lo, experimenta um gozo erótico que evita a dor da perda. Obtém com essas manobras um ganho secundário traduzido pela reação que os pais e o meio social manifesta diante de sua conduta sádico anal. Essa reação permite uma retomada de contato com o mundo exterior e também escapar parcialmente do núcleo autoerótico. A encoprese, portanto, estaria cumprindo uma função de recalcar os impulsos genitais experimentados como ameaçadores, porque reativam as angústias de castração e fantasias de despersonalização.

A encoprese, para esses autores, seria um negativo da neurose obsessiva. Se nessa última a finalidade essencial é buscar mecanismos deslocados contra o surgimento de fantasmas insidiosos e culpabilizadores de caráter edipiano, na encoprese ativa todas as pressões educativas fracassam pela emergência de uma pulsão pouco simbolizada. O erotismo anal é severamente recalcado nos obsessivos, o pensamento se vê altamente erotizado, diferentemente do que acontece na maioria dos encopréticos, que não produz deslocamentos para atividades mentais mais elaboradas. A resolução dos conflitos se dá pela passagem ao ato.

Diferenciam, também, a encoprese da histeria porque não se realiza um deslocamento da zona erógena conflitiva para uma outra parte do corpo menos investida sexualmente.

Os encopréticos parecem apresentar frequentemente uma instabilidade motora, reflexo de uma incapacidade de controlar e de sentir prazer de controlar uma tensão interna. Essa tensão se descarrega imediata e prazerosamente por meio de certa agitação motora.

Indícios de cura aparecem quando condutas agressivas e de oposição tomam lugar da encoprese.

Fain adiciona um determinado tipo de encoprese, dentro do tipo perverso, que nem sempre é detectado porque a criança se esconde. É quando ela manifesta rituais que buscam ativamente o prazer na retenção anal quando está isolada em seu quarto até não conseguir mais conter as fezes e sujar as calças. Entende ser essa uma reminiscência de uma masturbação genital recalcada. Embora não possa comprovar, hipotetiza que a masturbação anal acompanha a ereção do pênis.

Concluem que

> [...] se a encopresia permite apreender melhor a importância da organização anal na constituição da personalidade, o seu aspecto de passagem ao ato também é testemunho de uma profunda deficiência na edificação dos processos mentais que se desenvolvem normalmente no decorrer do estágio anal.

Semelhantemente ao mericismo, a encoprese é uma compensação de falhas primárias da díade mãe-bebê, com a diferença de manter um estreito laço com o ambiente, uma vez que esse reage contundentemente a ela.

Os pontos em comum encontrados nos diversos casos de encoprese são:

1. Recusa de separar a defecação do meio exterior, de manter em segredo o ritual da excreção porque retoma o desejo de fusão com a mãe.
2. Muitas vezes reflete um profundo distúrbio do investimento fantasmático do próprio corpo, uma imprecisão quanto aos limites do corpo e do ego. A erotização da defecação seria o único elo com o mundo ambiente.

Frequentemente crianças são encaminhadas para atendimento em razão de uma encoprese rebelde e aparentemente isolada, mas que, após cuidadosos estudos, se revelam portadoras de uma outra disfunção dos esfíncteres anais, intimamente ligada e às vezes confundida com a encoprese: a constipação. Chegam a afirmar que na origem da encoprese quase sempre há um funcionamento constipado dos esfíncteres, que pode ser esporádico nos casos mais leves.

A constipação é a dificuldade apresentada pela criança de evacuar diariamente, em decorrência de um retardamento da expulsão do mecônio, de doenças febris, de doenças nervosas, alimentares ou musculares ou de uma má-formação anatômica, mas também quando nenhuma causa orgânica pode ser identificada.

Soulé (1974) dá relevo especial a uma forma particular e severa da constipação infantil denominada pela pediatria de megacólon funcional ou idiopático.

O megacólon funcional da criança é um distúrbio, uma disfunção adquirida, e não congênita, do funcionamento da defecação.

No megacólon funcional, a constipação vai se instalando progressiva e moderadamente, mais evidente no terceiro ou sexto mês de vida da criança, e às vezes se vê acompanhada de encoprese. Dificilmente exige cirurgia, em contraposição aos quadros congênitos. A evolução varia desde uma melhora próxima à adolescência até uma cronificação permanente.

A criança apresenta uma dilatação muscular do cólon, como se fosse um funil que se estende até o ânus. No reto vai se formando uma ampola dilatada, distendida, onde se acumulam as fezes, como um depósito interno.

Teoriza para o megacólon funcional que a partir dos 12 meses de idade, com ou sem uma causa física local, a angústia que toda criança apresenta para se separar de suas fezes pode se derivar para uma verdadeira fobia pela defecação. Atribuem à intensidade desse afeto uma luta contra o adulto que severamente busca treiná-la no controle dos esfíncteres anais. Para controlar, contrainvestir e contornar seu erotismo anal, a criança desenvolve uma disfunção do mecanismo fisiológico, lutando ativamente contra a abertura do ânus no momento da defecação. Em vez de expelir para o exterior, por intermédio do sigmoide, a criança faz as fezes retornarem e defeca no cólon esquerdo. Em vez de fazê-las descer, ela as faz subir de novo. As fezes ficam acumuladas no cólon que se dilata para abrigá-las. É uma defecação ao contrário, num vaivém autoerótico. Uma encoprese pode advir quando esse bloqueio pela abertura reflexa do ânus é imperfeito. Trata-se de uma encoprese mínima e parcial, secundária a essa grave forma de constipação. Na persistência dessa disfunção, o erotismo anal intensifica-se pela busca de uma satisfação masturbatória anal máxima, e de benefícios secundários derivados da angústia que provoca nos adultos que a cercam.

Soulé cita os autores Garrard e Richmond (1952) que observaram como crianças com megacólon funcional dificilmente se agacham ou se sentam para defecar, evitando posições em que as fezes seriam evacuadas facilmente. Um precoce e severo treino de controle dos esfíncteres pode ser encontrado na origem dessa disfunção. A encoprese seria a única forma de manifestação de hostilidade e agressividade nessas crianças.

Para Soulé, no megacólon funcional estaríamos diante de um definido "ato perverso". Acrescenta que essas crianças trazem muita dificuldade para o analista no momento das entrevistas, uma vez que sua verbalização é pobre e reduzida. Apresentam dificuldade para traduzir no domínio do pensamento e da palavra o que se passa em ato (e na passagem ao ato) no domínio funcional de seus corpos.

Resume as implicações observadas no megacólon funcional da seguinte forma:

> Não é a primeira etapa da luta e da oposição do mecanismo fisiológico da defecação o que mais inquieta, mas,

sobretudo, a segunda etapa, que instaura e agrava o megacólon – a do prazer encontrado e redescoberto na reascensão das matérias e em sua repenetração através da junção sigmoide-retal, aproveitando-se da abertura reflexa do sigmoide, que se tornou átono, passivo e obrigado a retomar aquilo que procurava eliminar. Esse autoerotismo peculiar com autopenetração profunda pelo pênis anal realiza uma androgenia em que a criança é ativa e passiva, o penetrante e o penetrado. Esse ato masturbatório apresenta também a vantagem de ser secreto, interior, impossível de ser desvendado pelo observador exterior. Passando despercebido, permite fazer com que a constipação crônica seja interpretada como o resultado de passividade ou de incapacidade, quando afinal é a consequência de um mecanismo sumamente ativo e elaborado. Imagina-se facilmente o investimento narcisista megalomaníaco que a criança pode fixar nesse controle secreto e eficaz.

A remissão do sintoma não é simples de ser alcançado.

Do lado da criança, o alto investimento libidinal envolvido e os ganhos secundários decorrentes fazem com que a renúncia a esse prazer autoerótico seja resistente. Quando se encontram numa posição masoquista, os danos ao corpo e às relações com o meio ambiente tendem a acentuar-se, mostrando-se inúteis e agravantes as punições impostas à criança. Assinalam a importância de que se mostre à criança, não superegoicamente, o caráter autoerótico, ativo e secreto de sua constipação ou encoprese, seguindo pela busca dos motivos que a levaram a esse sintoma. A criança somente renuncia a esse jogo autoerótico quando outras formas de erotismo e de controle podem substituí-lo.

Do lado dos pais, sinalizam a complexidade dos fatores envolvidos. As disposições da mãe diante do erotismo anal de seu filho são reconhecidamente determinantes, mas nem sempre ou nem somente. Propõem, esses autores, que entre os pais e as crianças se configuram ajustamentos mútuos que promovem e mantém o sintoma. Descrevem peculiares atitudes do pai da criança com megacólon funcional nas consultas que sugerem uma complementaridade pai-filho no erotismo anal. Diferentemente de outros quadros, o pai costuma estar muito mais presente, de início, exageradamente preocupado com a obstinada retenção das fezes do filho, solicitante de mais e mais intervenções clínicas e surpreendentemente desinteressado pela encoprese. A seguir, passam a se identificar projetivamente com a criança, e se colocam de forma mais passiva, relatam o aspecto e volume das fezes, comparando com as suas, expressando ambivalente e simultaneamente preocupação, admiração e inveja. Outros expressam sua maneira obsessiva diante dos hábitos de higiene dos filhos.

Rosine Debray

Essa autora entende que as doenças psicossomáticas das crianças estão frequentemente relacionadas com a reativação de uma problemática antiga ou mais recente dos pais. O bebê reage com sua sintomatologia a angústias maternas, o que contribui para perpetuá-las. A angústia paterna não costuma produzir esse efeito no bebê porque conta com o sistema para-excitação materno.

A sintomatologia apresentada na encoprese reflete uma falha no tempo de estruturação do psiquismo infantil, relativas à aquisição das noções de contenção, retenção e expulsão, próprias do erotismo anal. Aquilo que inicialmente é experimentado no corpo não é ultrapassado e transformado em qualidades próprias ao "aparelho de pensar os pensamentos".

Procurando demonstrar a íntima relação entre esse sintoma da criança e as motivações inconscientes maternas, relata um caso de encoprese numa criança que transcrevemos no fim desse trabalho.

Autores discípulos de Lacan

Lacan (1953) resgatou, em seu conhecido "Discurso de Roma", toda a dimensão do sintoma proposta por Freud que se encontrava esquecida pelos psicanalistas pós-freudianos, principalmente aqueles herdeiros de Anna Freud, pertencentes à corrente da psicologia do ego.

Para Lacan, segundo Neuter (1994): "O sintoma é palavra dirigida ao outro, enigma em busca do seu deciframento, hieróglifo à procura de um sujeito suposto saber ouvi-lo e dar-lhe uma interpretação". O sintoma é mensagem.

Num primeiro momento das formulações teóricas de Lacan, o sintoma refere-se essencialmente ao Simbólico. Diferente do discurso organicista da medicina, o sintoma aqui é causa inserida no efeito.

Demonstra que o sintoma é estruturado como uma linguagem, tem estrutura de metáfora determinada simbolicamente. O sintoma porta um duplo apelo do sujeito ao outro: de reconhecimento de desejo e desejo de reconhecimento.

Posteriormente, Lacan (1975) vai situar o sintoma no Real, chegando mesmo a afirmar que o sintoma é "o que as pessoas têm de mais real". O sintoma é o efeito do Simbólico no Real. Portanto, o sintoma está fora do campo do Imaginário e fora das significações. Passa a definir o sintoma como "o modo como cada um goza do inconsciente enquanto que o inconsciente o determina". Portanto, sintoma passa a ser a maneira de gozar. E mais: "O que se chama um sintoma neurótico é simplesmente algo que lhes permite viver".

O sintoma passa a ter função de prótese, principalmente nos casos de psicose, em que os aros do Imaginário, do Simbólico e do Real estejam ameaçados de se desatarem porque mal enodados. Seria o quarto aro da estrutura. Lacan vacila em generalizar essa função estrutural do sintoma, agora nomeado por *sinthoma*, também para a estrutura normal ou neurótica. Apesar de oscilar em suas posições, Lacan afirma que o *sinthoma* seria o laço que uniria o RSI, um quarto termo. O *sinthoma*, então, é um fato de estrutura, não pode ser erradicado, mas parcialmente reduzido ou substituído por um sintoma menos penoso e mais prazeroso.

Explica-nos Neuter (1994) que

> [...] isso implica que a verdade do sujeito enquistada no sintoma, é uma verdade que não concerne à significação, que a mensagem a decifrar é uma mensagem insensata e que o apelo do qual o sintoma é portador é constituído de significantes fora do seu sentido. Vê-se bem que em tais condições a interpretação não pode ser o que ela foi nos primórdios da experiência analítica, a saber, um simples desvelamento das significações ocultas.

Nesse sentido, Lacan rompe radicalmente com a trama de significados inconscientes atribuídos por Freud aos sintomas e demais formações do inconsciente. Os significados, para Freud, assim como para os demais autores, são elaborados e esclarecidos por meio das associações. Para Lacan a cadeia significante desliza sobre os significados.

Ogden (1996, p. 26) acrescenta que

> [...] o sujeito lacaniano não está simplesmente descentrado, mas radicalmente desconectado de si mesmo, deixando uma 'falta' ou vazio central, resultante do fato de o sujeito falante e o sujeito do inconsciente estarem irreversivelmente divididos pelo abismo intransponível que separa significante e significado.

Em relação ao trabalho com crianças, para os analistas lacanianos a criança é essencialmente inserida na estrutura desejante da família, efeito do desejo do Outro. Antes de ser sujeito é objeto do Outro. Portanto, o sujeito a advir, passando pelos tempos do Édipo, é um sujeito desde sempre marcado pela intersubjetividade.

Lacan (1991), em "Duas notas sobre a criança", dedicadas a Jenny Aubry, diz que "o sintoma da criança se encontra em posição de corresponder ao que há de sintomático na estrutura familiar", "representante da verdade do par parental", ou como "consequência da subjetividade da mãe". No primeiro caso, a criança estaria numa situação mais favorável às intervenções psicanalíticas, a criança não está colada no desejo da mãe, uma metáfora paterna está ali operando. No segundo caso, a criança estaria implicada num fantasma materno sem intermediação de terceiros, que a exporia a uma possível psicose.

Discussões a respeito do sintoma da criança e da criança como sintoma trouxeram uma diversidade de entendimentos com importantes desdobramentos na clínica. Essa diversidade poderemos vislumbrar por intermédio dos autores que se seguem, mesmo que todos estejam referidos a uma inspiração lacaniana.

Françoise Dolto

Dolto, apesar de se referir à abordagem estrutural de Lacan, nunca abandonou uma abordagem psicogenética da criança. Sua teorização é frequentemente referida como da ordem de um catolicismo ingênuo. Para ela, o ser humano conta com uma fonte autônoma de desejo, a ponto de afirmar que "[...] é preciso o desejo inconsciente de sobrevivência por parte do embrião em que se origina uma vida humana".

Os pais portam uma função humanizante na constituição do sujeito ao introduzirem a criança na linguagem e ao inseri-la no contexto transgeracional.

Um dos seus maiores méritos foi o de recuperar a palavra *da* e *para* a criança, que vinha sendo esquecida pelos psicanalistas que analisavam gestos, brincadeiras, comportamentos. A criança é responsável por seus sintomas e pela demanda de cura. Para ela, o acento deve ser dado ao discurso da criança: Conta-nos Zornig (2000) que para Dolto

> [...] o que importa não são os sintomas aparentemente positivos ou negativos, mas sim procurar escutar o que significa para a criança seu sintoma, qual o sentido fundamental de sua dinâmica assim presentificada, e quais as possibilidades que este presente prepara, preserva ou compromete.

Mas ela não atendia crianças menores de 6 anos porque acreditava que a estruturação edípica em andamento poderia vir a ser prejudicada se tratada em outro lugar que não na triangulação familiar. No fim do trabalho relatamos um caso de criança com enurese e encoprese atendido por Dolto, no qual essa questão fica evidente.

Dolto dedicou inúmeros escritos sobre a aprendizagem de controle dos esfíncteres nas crianças.

O termo "adestramento", utilizado para se nomear a educação esfincteriana, para Dolto (1994), revela a conotação selvagem, animalesca da relação desumanizante do adulto para com o bebê. "O adestramento ao asseio das crianças é, em nossa sociedade, o maior erro que se possa cometer com a personalidade futura". Essa sentença bombástica de Françoise Dolto causou muita surpresa e alguma revolta a muitos profissionais. Acusada de estar convocando as mães a criarem seus filhos como selvagens, ela responde remetendo a como essa questão é tratada pelas ditas civilizações primitivas, nas quais as mães não se preocupam com o treino de controle de esfíncteres, nem há transtornos das excreções nas crianças maiores de três anos e meio.

Defende tenazmente uma aquisição natural e espontânea do controle esfincteriano, como ocorre com todos os mamíferos. Ela acontece sempre que ninguém se ocupa dela. O sistema nervoso central só estaria constituído plenamente no fim do segundo ano de vida da criança, quando ela consegue saltar e ficar na ponta dos pés. Enquanto a criança não conseguir subir e descer sozinha uma escada de mão de cinco degraus, seu sistema nervoso está incompleto. Antes disso, a educação vesical e anal seria adquirida por adestramento, medo ou sedução. Acredita que a criança deseja, pode e tem prazer de controlar seus esfíncteres. Assim, a criança aprende a se disciplinar por necessidade.

> Parece, de fato, para a criança, que os adultos que vão ao banheiro e se isolam ali, são possuidores de uma chave simbólica extremamente valorizada – na medida em que a criança não os acompanha ali. Fazer xixi e cocô no lugar reservado aos adultos e de modo a traduzir a continência, característica dos grandes, dá o direito de atingir a um nível ético que delivra, com a autonomia completa para as necessidades corporais, a marca da dignidade humana na sociedade. (Dolto, 1984)

Insistiu vigorosamente na posição de que o treino dos esfíncteres em tenra idade seria extremamente danoso.

> Eu diria até mesmo que esta *aquisição quando é muito precoce, longe de ser educativa, é mutiladora...* É somente dentre as crianças das quais se exigiu desde muito cedo a continência, que vemos um atraso em relação ao esquema corporal na imagem do corpo. Pois é então para elas a única maneira de permanecerem sujeitos opondo-se às injunções apressadoras da mãe, e privando-a daquele prazer que ela tem – e que a criança sente como incestuoso oral e anal – em se ocupar com xixi-cocô e nádegas, esta região simultaneamente vergonhosa e sagrada, onde necessidades e desejo estão na origem de valores éticos contraditórios.

Assim como critica uma exacerbação da importância dos produtos esfincterianos dada pelas mães e por muitos profissionais: "Certos livros de conselhos às mães, escritos por 'psi', parecem pensar que a admiração do presente fecal faz parte da panóplia das ações ditas de uma 'boa mãe' ".

Para ela, a criança que não reage com rebeldia ou oposição a um precoce treinamento esfincteriano pode cair vítima de uma neurose obsessiva, de distúrbios psicossomáticos, ou patologias severas. "Posso afirmar que se uma criança desde muito cedo é asseada, ela pode se tornar esquizofrênica. Conheci uma criança que nunca, desde que saiu da maternidade, sujou as fraldas, nunca. Ela ficou esquizofrênica: uma criança que nascera para ser admirável".

Segundo Dolto, essa criança teria se sentido culpada pelos desejos uretrais e anais antes de conseguir diferenciar desejo de necessidade.

Também é da opinião de que depois dos 28 meses não é indicado o uso de fraldas noturnas, sendo preferível a cama molhada do que a permanência de uma posição regredida junto à mãe. O penico deve ser deixado no banheiro, nunca na cozinha ou no quarto, no mesmo lugar em que os adultos fazem sua higiene, para que a criança possa buscar atitudes identificatórias com eles.

Assim que adquirem o controle da micção, os meninos devem ser ensinados a urinar em pé.

> A linguagem existe para que o menino faça a diferença entre a sua necessidade de evacuar, que é anal ou urinária, e sua ereção que é seu desejo varonil [...] os menininhos

urinam com ereção até vinte e dois ou vinte e três meses e é por isso que, quando estão num penico, muitas vezes urinam para fora. A partir do momento em que já não podem urinar com ereção é que fazem deveras a diferença entre ser menino, ou seja, desejar ter uma ereção, ou então ter necessidade de urinar. Essa distinção entre fazer xixi e cocô se efetua na menina entre dezenove ou vinte meses: a menina diz então xixi se quer fazer xixi, e cocô se quer fazer cocô. A distinção é feita muito mais tarde pelo menino: nessa idade, ou ele pede cocô para xixi, ou então cocô para os dois, ou xixi para os dois. Quando um menino pede cocô para os dois, não é muito bom sinal, uma vez que só pode fazer suas necessidades num penico, quando deveria urinar em pé assim que faz a diferença entre cocô e xixi. Assim, ele se inicia em sentir o que se passa em seu corpo. É verdade que é nesse começo, na sensação das funções excrementícias, que se faz facilmente a diferença entre sentir e não sentir essa sensação, nos meninos e nas meninas, ao passo que o desejo sexual não tem nada a ver com os excrementos (Dolto, 1994).

A menina geralmente deixa de se molhar durante o dia por volta dos dezenove, vinte meses e o menino por volta dos vinte e quatro meses. Entende que esse fato seja decorrente de que, para as meninas, as sensações vesicais e retais não são confundidas tanto quanto as sensações sentidas na vagina e no clitóris. Para ambos os sexos a incontinência noturna desaparece, em média, três meses depois do controle diurno. Alerta para que o adulto responsável pela aquisição de seus hábitos de higiene em geral possa permitir que a criança brinque com substitutos simbólicos dos excrementos, tais como bolinhos de areia, lama, água para favorecer seu desenvolvimento sadio. Atribui o uso de supositórios ou clister diante de uma constipação da criança a uma agressão anal cometida pelo adulto que implementará uma satisfação erótica de sedução passiva, enfim, ao masoquismo nascente.

Dolto faz a curiosa observação de que se uma pessoa inclina a cabeça de lado no momento em que solicita a uma criança que lhe entregue as fezes ou algum objeto relacionado com o anal, a criança se vê numa estrita impossibilidade de se recusar a fazê-lo.

Sobre a enurese

Antes da imposição do controle dos esfíncteres, a eliminação da urina, as manipulações erotizantes das lavagens e demais cuidados higiênicos satisfazem, em grande parte, a excitação dos genitais. Os jogos masturbatórios são facilmente observados desde os primeiros meses de vida, por meio dos toques manuais, da fricção rítmica das coxas durante a micção, das verbalizações idílicas que os acompanham. É o que Dolto chama de masturbação primária. Diante da disciplina vesical, surge a masturbação secundária que, ao ser interditada, favorece grandemente a persistência ou retorno da enurese. A sucção do polegar pode se associar a ela.

Uma passageira enurese secundária pode ter significado positivo quando da entrada da criança na escola, porque volta a ter autonomia sobre seu corpo, após tanto tempo sob o comando vigilante da mãe.

Graças à enurese, muitas crianças são trazidas à clínica, permitindo que o comprometimento da criança seja revelado. É um sintoma sem uma significação única e, portanto, sem uma estratégia terapêutica definida, na medida em que assim estaríamos buscando o efeito, o sintoma, e não a causa. Geralmente aponta para uma fixação ou uma regressão à fase sádico-uretral, porque traduziria uma impossibilidade da satisfação pela masturbação e das fantasias ambiciosas e para a perpetuação da dependência sadomasoquista erotizada. Mas também pode tratar-se de uma regressão a estádios mais arcaicos do desenvolvimento.

A incontinência urinária teria significados diferentes para o menino e a menina. O menino enurético estaria realizando, à noite, a ereção proibida pelo supereu durante o dia. Seria um escamoteamento do desejo centrífugo por seu pênis. A enurese, portanto, acompanha a pergunta sobre a função dos genitais. Nos meninos seria o questionamento sobre a ereção e a micção.

Afirma que são raras as crianças enuréticas em famílias nas quais os homens espancam as mulheres porque relacionam ereção com espancamento e virilidade. A enurese seria um impedimento para a ereção. Alguns meninos apresentam enurese noturna por prudência, diante da eminência de estarem a sós com a mãe. Temem realizar seus desejos libidinais em relação à mãe, na ausência do pai. Desejando sua mãe de maneira ambígua, torna-se impotente, só pode urinar. Contorna o desejo de penetração. Os últimos sonhos da criança enurética são sonhos de apagamento de incêndio. O menino impede sua ereção, apaga seu fogo.

Na menina, a enurese expressaria um desejo centrípeto pela sua vagina, mas numa busca por uma uretralidade viril. A observação de que os meninos urinam em pé, assim como o tamanho do pênis, leva-as a teorizar uma superioridade masculina.

Acredita que, em alguns casos, a enurese deva ser respeitada, para se dar tempo à criança alcançar etapas mais evoluídas da libido. Exigir que as alcance precocemente, no tratamento analítico, seria ocupar o papel de pai ou mãe castradores.

Apesar do desaparecimento dos sintomas, não se deve acreditar na cura antes de que tenha acedido ao início do complexo de Édipo. Casos em que as crianças enuréticas apresentam agressividade acentuada, ou seja, em pleno complexo de Édipo normal, não liquidado, a eliminação rápida do sintoma não reverterá em perigo para o psiquismo infantil.

Mas, em casos em que a criança se encontra numa busca passiva pelo genitor do mesmo sexo, o tratamento deverá se centrar na busca pela rivalização e na conquista do genitor do sexo oposto. Dolto sugere que o analista deva fazer um apelo ao eu da criança no controle dos esfíncteres quando esta tiver voltado a uma situação edípica normal. Dores de cabeça, dores de dentes, prostração, pesadelos, manifestações autopunitivas seguem a extinção do sintoma da enurese, resultante da angústia ligada ao complexo de castração. Nesse momento, o trabalho analítico se ocupará de elaborar os conflitos edípicos junto à criança no plano racional e de aliviar o sentimento de culpa, acessando substitutos culturais e sublimações.

Crianças enuréticas menores de 6 ou 7 anos de idade devem ser incentivadas a manifestar agressividade antes do controle esfincteriano.

Crianças enuréticas, maiores de 6 ou 7 anos, deverão ser incentivadas a renunciar aos objetos edípicos para poder aceder a outros objetos da sociedade e da cultura.

Crianças enuréticas acima dessa idade, que ultrapassaram a fase cronológica normal do complexo de castração, deverão passar por um estudo mais cuidadoso.

A enurese pode persistir nos casos em que a criança se recusa inconscientemente a crescer a renunciar às prerrogativas ambissexuadas e a aceitar comportar-se de acordo com seus órgãos sexuais.

> [...] às vezes, tem sido mais importante para a criança não investir numa região de seu corpo, região que pertence ainda à mãe, que a criança verdadeiramente deixou com uma mãe imaginária; porém, essa mãe imaginária esteve outrora representada pela mãe real; e a criança não consegue, antes que apareça um certo investimento de sua sexualidade genital, renunciar a essa dependência em relação a um adulto. (Dolto, 1987)

Dolto (1987) faz algumas afirmações contundentes:

> A criança cuja mãe esteve deprimida em seu nascimento ou cuja mãe teve uma hemorragia durante o parto é, com muita frequência, uma criança que deverá ser mais passiva que as outras e, portanto, fará xixi na cama. Não por um não investimento sexual, mas antes por passividade diante de seu desenvolvimento, já que este último e seu nascimento foram os acontecimentos provocadores da catástrofe na mãe (ou no pai).
>
> Sabemos que o recém-nascido é o primeiro psicoterapeuta da mãe.

Dolto pergunta-se por que diante do nascimento de um irmãozinho, dentre outras perturbações, as crianças tão frequentemente apresentam enurese, às vezes encoprese, quando já teriam adquirido o controle dos esfíncteres. Observa que algumas delas parecem não perceber mais a necessidade de evacuar ou urinar. Ou simplesmente perdem a regularidade dos horários de evacuação com que funcionavam seus intestinos até então. Outras passam a pedir para fazer xixi quando desejam evacuar. Podem mesmo nem se surpreender diante de sua incontinência, há tempos superada. Algumas pedem para voltar a usar fraldas e serem tratadas como um bebê.

Demonstra sua discordância quanto ao convencional entendimento dessas manifestações como relativas ao ciúme causado pelo destronamento da criança mais velha diante do irmão recém-nascido. Se há ciúme em jogo, ele está mediado por outras motivações. Recorre aos ensinamentos de Freud sobre as identificações primárias. As crianças, identificam-se, originalmente, com os adultos amados e irmãos maiores, vistos como modelos mais evoluídos a introjetar. O recém-nascido traz para a criança uma experiência, até então inusitada, de se ver tentada a se identificar com alguém mais novo, o que provoca um sentimento de ameaça de involução. "A criança sente-se fascinada, captada, arrebatada por uma imagem involuída de si, que a devora e a dissocia de sua imagem de corpo, fazendo-a perder suas aquisições e até mesmo seu 'sentir' (seu sensório, como diria Pichon)" (Dolto, 1981).

Normalmente os saudáveis mecanismos de defesa que se seguem, na tentativa de evitar o perigo dessa identificação desestruturante, são os de uma certa alienação, em sua forma mais passiva, ou em agressividade em relação até mesmo ao bebê e às demais pessoas do entorno, na sua forma ativa, que não seria equivalente ao ciúme.

Sobre a encoprese

Dolto compara o erotismo anal à predominância do prazer encontrado pela criança durante o relaxamento espontâneo dos esfíncteres excrementícios. Ocorre no segundo ano de vida da criança, embora a zona erógena oral se mantenha atuante. Na fase oral, a libido provoca a sucção lúdica; na fase anal a libido provoca a retenção lúdica das fezes e da urina.

Várias descobertas faz a criança na fase anal. É nessa fase que se dá a primeira descoberta do prazer autoerótico masoquista. A criança experimenta passivamente as sensações produzidas pelo percurso das fezes em seu corpo. E sente imenso prazer em brincar com seus excrementos. Além disso, ela arranca as peles das unhas, coloca o dedo no nariz, arranha a pele, morde os lábios, quando não consegue encontrar meios para deslocar sua tensão libidinal. Mas também é quando a criança descobre uma situação de ambivalência na mãe, já que o treino dos esfíncteres promove nela emoções contraditórias. A criança se vê deparada com o dilema de recompensar a mãe retendo as fezes ou puni-la com sua recusa de entregá-las quando demandada.

Descobre o poder narcisista sobre a posse de suas fezes que onipotentemente se ampliará na fantasia de posse de outros objetos preciosos passíveis de serem presenteados: dinheiro, bebês, irmãozinhos e a própria mãe. Tanto quanto a mãe, os bebês são produzidos pelo ânus, após ter comido um alimento milagroso. É aqui que Dolto assinala a descoberta do sadismo anal, quando a criança imagina um poder de vida e de morte sobre os objetos.

Renunciar ao prazer anal diante da repugnância do adulto pelas fezes só é possível em troca do prazer de se identificar com o adulto amado. Conseguir controlar os esfíncteres é a primeira conquista da vida social, ao mesmo tempo que é a primeira manifestação de oferta de prazer ao objeto de amor. Negocia essa identificação com a condição de contar com substitutos dos excrementos renunciados, ou seja, fazer deslocamentos. Esses substitutos são os objetos heteróclitos: aqueles objetos nos quais ninguém mais poderá tocar sem seu total consentimento.

> As pulsões anais são castradas entre os dois e quatro anos, e é quando podem ser sublimadas na ação, no 'fazer', pelas mãos que formam um esfíncter, manipulando um material cujo interesse é herdeiro do interesse primordial que se tem pelos excrementos. A boca é também investida, além disso, pelas pulsões anais... Nesse sentido, a fala já é de ordem anal... (Dolto, 1988)

Nessa fase, então, se encontra identificada ao adulto nas palavras e gestos. Suas formas de atuar e seus objetos se diversificam, se ampliam. Atividade e agressividade são pronunciadas.

> A energia que vai para os músculos estriados é energia anal... Como não se pode fazer cocô o dia todo, então se faz cocô com os músculos: faz-se não importa o quê, alguma coisa que não tem sentido, que é da ordem da necessidade: gastar sua energia. (Dolto, 1988)

Mas há nuances da atividade para os sexos. Os meninos usam sua atividade muscular para raptar, e a menina para captar. Para lançar a bola, por exemplo, o menino realiza o gesto de pronação e a menina, de supinação.

Dolto defende um ponto de vista bastante particular quanto ao sadismo anal: "A meu ver, quando falamos, em todos os escritos psicanalíticos, do sadismo anal, como se o prazer de prejudicar fosse normalmente ligado às pulsões desse estágio, cometemos um grave erro" (Dolto, 1988). Acredita que somente as crianças que foram desrespeitadas em suas necessidades e desejos e não foram sustentadas por palavras asseguradoras diante das renúncias humanizantes é que desenvolvem desejos de destruição do outro. Para essa autora o sadismo é oral, durante o nascimento da primeira dentição, não anal.

> [...] no estágio anal, não existe sadismo quando a criança é sustentada para realizar sua atividade motora, e para, quando esta não é realizável, falar dela e receber uma autorização a termo, em benefício do futuro, "quando você souber fazer tal ou qual coisa...". (Dolto, 1988)

De qualquer forma, as crianças na fase anal beliscam, esmagam, empurram. "A identificação foi atingida com êxito. É porque ama o adulto que a criança sente prazer em irritar e agredir. A ambivalência, surgida na fase oral, consolida-se" (Dolto, 1971). A criança severamente cerceada de sua necessidade de atividade e agressividade tenderá, projetivamente, a sentir o adulto como sádico e a buscar por situações em que seja punida.

A ambivalência predominante dessa fase e a modalidade de investimento libidinal anal – caracterizado pelo par atividade-passividade, sadomasoquista – promovem uma concepção dualista e maniqueísta de mundo na qual os pares de opostos e antagônicos imperam nas relações de objetais: bom-mau, grande-pequeno, feio-bonito.

Posteriormente, na vida adulta poderemos constatar manias e gestos derivados da analidade que correspondem a uma masturbação degradada.

O corpo é uma linguagem. Sendo assim, as disfunções funcionais na criança geralmente traduzem ataques à segurança. A necessidade de defecar pode tratar-se de anulação de uma tensão. É uma linguagem a ser decodificada. A encoprese estaria relacionada intimamente com a analidade. Apesar de não fazer uma correlação unívoca, atribui à encoprese uma maneira inconsciente de tentar reencontrar um espaço de segurança materno diante de uma situação de angústia. As crianças diarreicas são depressivas por causa do formato desqualificado de suas fezes e pela inquietação produzida na mãe.

Mas a encoprese pode também ser um prazer homossexual endereçado ao pai:

> É nessa perspectiva que a encoprese adquire um sentido fantasístico no menino: trata-se de dar a papai tanto prazer quanto a mamãe, fazendo-lhe outro bebê. Isso acontece no

> período homossexual em relação ao pai, no qual o menino pode ter vontade de dar um bebê ao papai ou de atrair papai para seu ânus, com a ideia de uma penetração anal pelo pai. É muito confuso, precisamente porque a criança não tem informações diretas, precisas, acerca da anatomia, e porque tem sensações que estão ligadas ao amor, como um bebezinho receptivo em relação ao adulto fálico. (Dolto, 1995)

Ou, então, a encoprese pode substituir, desviar, nos meninos, uma ereção causada pelo orgulho ou agressividade penianos censurados.

Aliás, Dolto assinala que as meninas não apresentam encoprese, só os meninos, porque eles têm sensações pélvicas diferentes. A repleção no reto pode causar ereção peniana e vice-versa, nem sempre bem decodificada por eles.

Na encoprese, também, pode ter havido uma regressão a um funcionamento uretro-anal para a criança que vive como se nada quisesse saber sobre seu sexo.

> Vocês todos conhecem um sintoma obsessivo banal que aparece entre os quatro e os sete anos na criança que pede à mãe permissão para ir fazer pipi ou cocô, quando já é autônoma em outros sentidos.
>
> Não é, justamente, o comportamento da criança que se deve estudar, mas sim a triangulação, tal como aparece no discurso, e o papel desempenhado pela pessoa que é o polo

de identificação da criança nessa situação triangular: para saber se esse terceiro convida a criança a ultrapassar sua atitude pré-genital, de modo que, segundo seu sexo, possa investir o objeto parcial do corpo que é a sede das pulsões genitais e os comportamentos transferidos para a cultura, que estão relacionados com seu tipo de genitalidade. (Dolto, 1988)

Maud Mannoni

Mannoni elabora sua clínica com crianças apoiada nas primeiras formulações lacanianas sobre o sintoma, e nas leituras de Winnicott e Dolto. Remarca que o sintoma vem no lugar de uma palavra que falta e que dá lugar a uma brusca perda de toda marca identificatória. O sintoma vem como máscara ou palavra cifrada, ocupando o lugar dessa palavra verdadeira que o adulto não consegue sustentar. A mãe, nesse sentido, é participante da produção do sintoma. O sintoma se desenvolve, pois, com um Outro e para um Outro.

> Não é tanto o confronto da criança com uma verdade penosa que é traumatizante, mas o seu confronto com a "mentira" do adulto (vale dizer, o seu fantasma). No seu sintoma, é exatamente essa mentira que ele presentifica. O que lhe faz mal não é tanto a situação real quanto aquilo que, nessa situação, não foi claramente verbalizado. É

> o *não-dito* que assume aqui um certo relevo. Através da situação familiar, a minha atenção vai portanto recair na *palavra* dos pais e na da mãe em particular – pois veremos que a posição do pai para a criança vai depender do lugar que ela ocupa no discurso materno. E isso tem importância para a maneira como a criança vai poder, desde então, resolver corretamente ou não o seu Édipo, chegar ou não a processos bem-sucedidos de sublimação.

Essas indicações dessa autora têm gerado polêmicas discussões. Muitos entendem que Mannoni desvia a escuta e o trabalho analítico a ser feito diretamente com a criança, privilegiando uma abordagem familiar, intersubjetivista que pouco se diferencia do método interacionista.

No fim desse trabalho, reproduzimos um atendimento feito por Maud Mannoni a uma criança enurética, que bem demonstra sua forma de pensar e fazer clínicos.

Maria Teresa Ferrari

Ferrari (2000) faz um interessante e primoroso percurso sobre a organização anal, segundo os ensinamentos de Jacques Lacan, para discorrer sobre a clínica com crianças encopréticas. Vale a pena seguirmos bem de perto o que propõe.

Demonstra que, enquanto Abraham defende, sob uma perspectiva evolucionista, que no estádio genital culminaria a unificação de uma pulsionalidade anteriormente fragmentada, Lacan, pelo contrário, propõe uma lógica estrutural que considera a relação entre o sujeito e o Outro e a relação entre os objetos parciais e o falo. Se Freud observa uma ressignificação de antigas perdas diante da ameaça de castração, Lacan afirma que a verdadeira função do objeto anal é a de se colocar como resto na demanda do Outro.

É quando surge uma demanda educativa por parte do Outro, que exige uma renúncia pulsional, que o objeto anal passa de pura função excrementícia para objeto causa de desejo, *semblant* de falo. As fezes passam a ter um valor agalmático para a criança, porque valioso para o Outro.

Para Freud é o ato de expulsar as fezes que permite se aceder à castração. Para Lacan, por outro lado, a própria demanda de limpeza já é uma inscrição da castração, porque a exigência da renúncia a um gozo faz operar o Nome do Pai. Se o primeiro Outro da pulsão oral é ameaçador, poderia devorar o sujeito, o Outro da pulsão anal demanda algo, portanto, algo lhe falta. A criança reconhece-se pela primeira vez em algo, em um objeto causa de desejo da mãe. Esse objeto é ao mesmo tempo ela, a criança, e não ela e nem dela, que deriva na ambivalência obsessiva, no dar ou reter o que o Outro demanda, obturando assim seu desejo. Esse objeto valioso, as fezes, é ao mesmo tempo, um dejeto, um objeto a ser expulso. Decorrente disso é que se apresenta a dúvida obsessiva, a compulsão, a anulação e a ambivalência.

Para essa autora, a encoprese, como as demais manifestações clínicas da criança, é entendida como um ato de escrita que cifra a leitura de sua relação com a alteridade. Na clínica com crianças é menos comum que ela se apresente em sua forma primária, quando a criança jamais reteve as fezes. Denota um transtorno mais severo do que a enurese porque denuncia a ausência da metáfora paterna, ou seja, o Nome do Pai não opera no discurso materno.

Mais frequentemente aparecem os casos de encoprese por retenção, que é aquela que resulta em "restos" na roupa, após uma prolongada retenção. A criança se faz representar, se dá a ver, por esses restos, como um *acting*, daquilo que deveria **ter sido solto em outro lugar**.

Nos casos de crianças com encoprese por expulsão, fruto de um transbordamento, o que está posto em cena é o fracasso **de soltar o que não deveria ser delas**.

Há também os casos em que a criança deixa rastros de suas fezes em diferentes espaços e objetos de sua propriedade: brinquedos, cama, quarto. Fica assim misturado o que é dela com o que não deveria ser dela. Entende, Marité, que esse quadro denota certa rebeldia em relação à demanda de limpeza do outro, para colocar esse outro em falta.

Define esse transtorno como *acting* e não como sintoma. É sintoma para os pais, não para a criança que põe seu corpo em ato, da mesma forma como ocorre na enurese:

> Se dizemos que a encoprese é *acting*, o que estamos dizendo é que se trata de um tempo em que o sujeito se precipita como objeto dentro da cena do Outro, procurando fazer-lhe furo, falta, para poder, desde essa falta, advir a alguma

subjetividade. Enquanto *acting* está em relação à angústia, no sentido em que o sujeito não pôde armar fantasmaticamente uma resposta a isso que o Outro desejaria, por exemplo, não pôde armar um sintoma obsessivo articulado a um fantasma de oblatividade. Então, diante do encontro com o desejo do Outro, diante da impossibilidade de armar uma resposta fantasmática ao "o que quer de mim?" se precipita ao *acting*, se arroja à cena do Outro na condição de objeto.

Na encoprese a criança se traveste das fezes, e é como fezes que se oferece ao olhar do Outro.

Diante do encontro com esses restos de matéria fecal, com esses signos de um gozo em excesso – essa retenção em excesso, que denota um gozo retentivo a ceder, o pai ou a mãe do pequeno se angustia. A angústia lhes faz vacilar certa consistência de gozo fantasmático onde se encontravam instalados. Algo que vem comover essa estrutura fantasmática parental dá chance ao sujeito para ficar alojado no Outro, de poder fazer o tour pulsional que lhe permita reordenar seu gozo, produzir um corte, uma perda, e poder obter a satisfação pulsional que consiste em rodear a borda, o furo, a falta. Inevitavelmente a mãe ou o pai que se encontram com esses restos se colocam como demandantes a algum outro, o pediatra, a escola, o analista. Veem-se em falta, e movidos pela angústia, dirigem sua demanda a

Outro para poder voltar a saber o que fazer com esse filho que suja. (Ferrari, 2000)

O analista os escuta e os auxilia na construção do sintoma na transferência, tanto para os pais quanto para a criança, para se produzir corte, operar a castração, livrar um gozo. O analista aposta na produção de um corte dessa posição alienada em que se encontra a criança e na articulação do real do padecimento com o simbólico imaginário desse sujeito em constituição.

A criança encoprética pode estar colocada no lugar do dejeto, da merda da mãe. Diante de pais que desvalorizam tudo, tudo é merda, as fezes são um objeto valioso, fálico.

"A direção da cura se orienta em escriturar essa incompletude da mãe fálica... 'furar o universal', 'tudo é uma merda', para escrever, 'há algo que não é merda', para alcançar 'que nem tudo é merda – nem tudo é merda para o Outro'". As palavras enunciadas pelo analista destinam-se a ultrapassar o *acting*, descolar a criança da condição de merda. Ou, então, a criança encoprética que inicialmente suja as roupas e passa a sujar demais objetos pode desejar expressar uma rebeldia feroz, uma intenção de sujar uma mãe perfeita que destitui o homem e todo masculino de valor. O ato insistente de deixar marcas difíceis de serem apagadas (limpas) procura "fazer um corte, fazer faltar algo a esse Outro fálico, mas ao preço de sustentar-se na posição de dejeto, de ser esse objeto que se faz presente no lugar onde deveria faltar".

A direção da cura nesses casos consiste em, do lado da mãe, desconstruir sua imagem incastrável, fazê-la se deparar com a angústia que essas cenas, a ela dirigidas, lhe provocam. Transformar a fúria em angústia possibilita uma inscrição da castração. Do lado da criança, na transferência, o analista que se depara com as fezes na sala de atendimento, olha, registra o que está sendo mostrado, sem apagar as marcas nem ficar furioso, mas em falta. Algo precisa ser feito para evitar que outros pacientes se vejam obrigados a suportar esse gozo.

> Nesse ponto funciona a demanda como articulada ao Nome do Pai: isso que é da ordem do dejeto tem outro lugar, porque assim está demandado. Nem todo lugar é para a merda, há somente alguns onde é possível soltá-la. Se se escreve essa proposição, então o sujeito poderá separar-se, subtrair-se dessa posição de objeto retido nas coordenadas do fantasma parental, e assim, no intervalo, fazer-se representar por algum significante para outro. Com esses restos, usa seu desejo. (Ferrari, 2000)

Marité Ferrari brinda-nos com valioso relato de um atendimento de uma criança encoprética, que se encontra transcrito no fim desse trabalho.

Podemos concluir com esse relato que, apesar de se remeterem a um referencial lacaniano, Dolto, Mannoni e Ferrari, apresentam características bem diversas na clínica psicanalítica com crianças.

Silvia Bleichmar

Finalmente, e com a intenção mesmo de lhe dar destaque, vamos mostrar o que Silvia Bleichmar tem a nos ensinar sobre os transtornos da excreção depois de um recorrido sobre seu pensamento.

Discípula de Laplanche, faz contundentes críticas tanto a um "inatismo instintivista" kleiniano quanto a um "estruturalismo formalista" das concepções lacanianas, em especial as que propõe Maud Mannoni.

Acredita que houve uma verdadeira *diluição* da criança no discurso familiar. A criança lacaniana teria se convertido em objeto.

O estruturalismo lacaniano, segundo ela, quando coloca em correlação o inconsciente da criança com o desejo materno, rompe com o geneticismo kleiniano para cair num outro determinismo: o histórico. O inconsciente infantil, como objeto de conhecimento se perde. Lacan desconsidera a materialidade do inconsciente presente nas marcas mnêmicas propostas por Freud, o histórico vivencial.

Defende, então, que a criança deve ser entendida como um sujeito atravessado pelo seu próprio inconsciente, por seu próprio desejo.

Reafirma o estatuto intrapsíquico do conflito, que ocorre entre os sistemas inconsciente e pré-consciente/consciente e a relação que o conflito estabelece com o recalque e o inconsciente.

> O sintoma é um processo intrapsíquico que se constitui 'em referência ao desejo materno', mas esse desejo materno não é, no sujeito constituído, o da mãe real, mas o das representações metabolizadas inconscientes. A partir disso, a mãe real-externa ocupará um lugar de privilégio, sem dúvida, mas seu acionar não determinará linealmente a emergência sintomal[1]. (Bleichmar, 1990, p. 57)

Lembra que o sintoma está sempre a serviço da economia libidinal e não da economia intersubjetiva.

Nas relações parentais, a assimetria é constitutiva. Entre o que a mãe oferece e o que a criança recebe há uma desqualificação e uma requalificação, teorização, fantasmatização constantes. Isso abarca toda a linguagem que forma parte do intercâmbio na transmissão de mensagens enigmáticas, que não se reduz às mensagens verbais e são inconscientes.

Os destinos pulsionais estão muito ligados aos modos pelos quais o semelhante inscreve formas de pautação e determinação dos destinos que a pulsão tenha. Os modos de inscrição da pulsão, portanto, não são determinados biologicamente, mas pela capacidade do outro humano de produzir inscrições. Dentre essas inscrições, se despregam aquelas sobre as quais esse mesmo emissor nada sabe, são inconscientes.

Num vigoroso e rigoroso percurso pela metapsicologia freudiana, acompanhando Laplanche, parte do princípio de

---
[1] Tradução livre.

que o inconsciente não existe desde as origens e só pode se constituir a partir da instalação do recalque originário. E afirma que o momento da instalação do recalque não é um momento mítico.

Ela demonstra que a fundação do inconsciente pode ser observada por intermédio das manifestações apresentadas pelas crianças, que permitem estabelecer parâmetros que determinam quando e como ele está constituído.

O inconsciente só pode ser explorado quando já estão funcionando as instâncias secundárias. O primeiro modo de cercar a presença do recalcamento originário é verificando-se a instalação dos sistemas psíquicos pré-conscientes/conscientes como modo de operância da lógica e o ego como lugar de investimentos narcisistas e sede do sujeito. São derivadas do pré-consciente a orientação temporal, a negação, a afirmação e a lógica do terceiro excluído.

Submetendo as premissas da clínica à metapsicologia, propõe uma cuidadosa diferenciação entre transtorno e sintoma. Antes da instalação do recalque originário, rigorosamente não temos sintomas, temos transtornos. Diferente dos sintomas, os transtornos não são atravessados pelo jogo entre desejo e defesa e não remetem a fantasmas específicos. E as implicações na intervenção clínica serão muito distintas.

É nessa perspectiva que essa autora se interroga sobre a enurese e a encoprese em crianças. Demonstra que não se pode atribuir o caráter de sintoma à enurese e à encoprese primárias, uma vez que expressam um exercício pulsional direto, sem as distorções, sem conflito entre as instâncias psíquicas, inerentes a toda formação do inconsciente. "[...] uma encoprese, uma enurese é sintoma ou não é sintoma a partir das relações entre os sistemas e a partir da persistência ou não dos elementos pulsionais" (Bleichmar, 1990). Quando expressa um gozo por si mesmo de um autoerotismo não recalcado deve ser entendido como transtorno e não como sintoma.

> Imaginemos uma criança de aparência neurótica, com 9 ou 10 anos de idade, escolarizada, com seu processo secundário diferenciado, capaz de estabelecer formações sintomáticas, atravessada pelo recalque e, ainda, enurética – vítima de uma enurese primária.
>
> Qual seria o critério, se nos ativermos a uma concepção puramente cronológica da infância, para definir o ordenamento psicopatológico do sintoma? Há, evidentemente, nesta criança imaginária – mas possível – uma dificuldade em abandonar os modos de satisfação primários da libido. E esta dificuldade nos leva a supor um fracasso (parcial, mas, enfim, fracasso) do recalque originário – que tem a seu encargo o sepultamento do autoerotismo no fundo do inconsciente. Não se trata de um retorno secundário do recalcado, retorno que se produz através de sintomas que dão conta da clivagem do aparelho pelo qual o Eu paga o preço de um sofrimento cada vez que o recalcado, desejante,

emerge. Mais ainda, esta criança poderia sentir vergonha de que as pessoas tomem conhecimento de seu sintoma, registrando certa ansiedade social, não urinando na casa de familiares ou amigos, produzindo estranhamento nos pais e levando o analista "psicologizado" a pensar que o sintoma "está dirigido" aos pais, buscando nas interações manifestas familiares o que o produz – desprezando, então, o benefício primário, sempre presente em um sintoma, em prol do benefício secundário como lucro a mais a ser obtido. No entanto, esta criança não sentirá nojo nem se incomodará com sua própria urina e poderá até mesmo ter momentos de prazer na cama, durante as manhãs, antes de levantar-se, imersa nos restos de sua micção noturna.

Confrontar-nos-íamos, pura e simplesmente, com um exercício pulsional que evidencia que **o que deveria estar recalcado, não está.** E se assim for, o critério cronológico é insuficiente, já que até onde se estenderia o tempo em que esta enurese poderia ser considerada como "um simples atraso na aquisição da função? (Bleichmar, 1990)

Demonstra, portanto, que é fundamental observarmos se a criança demonstra ou não nojo e vergonha diante da enurese ou da encoprese. Esse seria um importantíssimo indicador clínico. O asco e o pudor são as primeiras defesas diante da pulsão, antes mesmo da instauração do recalque originário. Nas enureses secundárias é mais frequente a expressão do sentimento de vergonha do que nas enureses primárias, sinal de que um recalque originário já tenha se instalado, embora insuficientemente.

> [...] uma criança que tem uma encoprese primária, uma enurese primária... é uma criança em que algo não termina por ser sepultado pelo recalque originário. Por quê? Porque a pulsão segue seu caminho sem encontrar transcrições nem inibições. De modo que o primeiro elemento mediante a qual podemos saber se há recalque originário é a forma com a qual a pulsão está operando. Não é o mesmo uma enurese secundária e uma enurese primária, nem tampouco, uma encoprese secundária é uma encoprese primária. (Bleichmar, 2005, p. 116)

A criança pode, por exemplo, deixar de apresentar enurese quando dorme na casa de pessoas fora do ambiente familiar. Diferentemente do entendimento comum de que se trata de uma liberação dos conflitos familiares fora do lar, essa autora demonstra que se a criança molha sua cama é porque no meio familiar o asco e o pudor não estão operando, não há uma suficiente recusa pulsional na família. Ou, então, a criança pode pedir segredo aos pais, diante do analista, sobre o fato de urinar na cama. Aqui, a vergonha, o recalque, estão instalados nas palavras, mas não no ato em si.

Vejamos como essa autora discorre sobre essa situação:

Se a criança se molha e o adulto sabe disso, por que não pode colocar em palavras diante do analista? Porque há algo que está circulando num enlaçamento narcisista, complacente, proveniente do adulto que, em muitos casos, apesar de buscar a ajuda de um terceiro, não tolera as fissuras narcisistas na relação com o filho, o que lhe dificulta, de fato, realizar as ações precisas para abrir o caminho para as renúncias pulsionais da criança. Naturalmente, não é o mesmo que a mãe tolere confortavelmente bem uma enurese – principalmente se ela revive algo de seu próprio prazer infantil – do que uma encoprese ou outras formas da sexualidade da criança, que se tornam, com o tempo, muito rechaçáveis por parte do adulto neurótico, provido de um recalque que funcione adequadamente. E também sabemos da distância que há entre um adulto que se mantém em uma posição relativamente compreensiva diante dos transbordamentos orais, anais ou uretrais de uma criança, e a tolerância decididamente perversa de condutas de sadismo e que dão conta de modos de constituição do que na vida adulta se chamam de perversões: fetichismo, travestismo, sadização de outros seres vivos (Bleichmar, 2000).

As mensagens maternas dirigidas à criança no sentido de renúncia ao prazer anal e uretral têm efeito de contrainvestimento nas crianças, a partir das representações inconscientes que a própria mãe desconhece. As interdições primárias dos pais, que se referem à repressão dos primeiros modos de satisfação pulsional, como aquelas que induzem ao controle dos esfíncteres, ou proibição de chupar o dedo, inauguram a renúncia ao autoerotismo, diferente das interdições secundárias que remetem a renúncias edípicas. "Em muitos casos, as mães de crianças enuréticas ou encopréticas têm dificuldade para a instauração dessas proibições pré-genitais, que são precursoras da castração e que, no imaginário do adulto, remetem a essa[2]".

Mas, também, crianças enuréticas ou encopréticas podem ter sido sobreinvestidas pelas formas de intrusão ou intromissão da sexualidade materna que produzem repetições compulsivas. E, uma vez a enurese ou a encoprese instalada, é sobre o psiquismo singular da criança que se deve atentar.

Podemos falar de sintoma e em clivagem psíquica quando a criança sofre ao dizer que quer ir a acampamentos ou festas e não pode por causa de sua enurese ou encoprese.

Para essa autora, portanto, as crianças que se apresentam com quadros de encoprese ou enurese primárias (não secundárias), com ausência do asco e do pudor, não podem ser abordadas na clínica da mesma forma como quando se está diante de quadros sintomáticos. Não contam com a presença do conflito entre as duas instâncias inconsciente e pré-consciente/consciente. A ausência dessas primeiras defesas frente à pulsão (nojo e pudor) indica um tempo de estruturação

---

[2] Contribuição da própria autora para esse nosso trabalho.

psíquica anterior à instalação do recalcamento originário. A suficiente instauração desse recalque originário permite o abandono e as renúncias pulsionais; gera novas transcrições. Livra o aparelho psíquico de permanecer submetido a uma força de contrainvestimento empobrecedora. Abre caminho para a sublimação, o ego fica livre para novas conquistas que permitem novos modos de identificação, circulação e intercâmbio com o objeto.

Silvia Bleichmar coincide, em parte, com Dolto quanto ao equivocado entendimento dado a uma enurese ou a uma encoprese secundária apresentadas por crianças pequenas diante do nascimento de um irmãozinho. Psicólogos muito rapidamente costumam atribuir esse fato a uma demonstração de ciúme em relação ao recém-chegado. Desconsideram, assim, o grande esforço que a criança tem de fazer para abandonar o autoerotismo. Ressaltando a importância de se entender a infância como tempo de estruturação do originário, que implica tempos reais, históricos, aponta que diante do recém-nascido a excitação relativa aos prazeres uretrais e anais se reaviva porque o recalcamento ainda não se encontra totalmente estabelecido, nem o superego. O controle até então adquirido ainda era da ordem da recusa, a caminho do recalque, marcado pelo amor ao semelhante que lhe solicita o controle esfincteriano. Não se trata exatamente de uma regressão a uma etapa anterior da sexualidade, já que as crianças não desejam renunciar às aquisições obtidas, mas de um reinvestimento de desejos recusados quando assiste aos transbordamentos uretrais e fecais do bebê, que dão prazer também aos pais.

Adverte que, nos primeiros tempos de renúncia, às satisfações pulsionais das crianças podem apresentar sintomas semelhantes às neuroses atuais, que mais propriamente correspondem à recusa. Num segundo momento, a recusa torna-se recalcada. A polaridade que se estabelece não é a do fálico-castrado advindo de um superego freudiano, mas a polaridade vida-aniquilamento derivada do desejo de conservar o amor da mãe, em tempos de passagem do autoerotismo ao narcisismo.

Entende o controle dos esfíncteres para além de um controle da musculatura humana. O prazer urinário e anal só estará efetivamente recalcado quando a criança manifestar pudor de evacuar ou urinar nos espaços públicos.

As crianças que já não mais urinam nem defecam nas roupas ainda podem não sentir nojo nem vergonha de usar o banheiro com outras crianças. Aliás podem mesmo fazer desse um momento bastante prazeroso, que se prolonga com conversas e brincadeiras. O controle muscular dos esfíncteres é adquirido antes mesmo que o recalque do prazer das fezes esteja estabelecido. Elas ainda estão num primeiro instante de recalque dos prazeres autoeróticos, por amor ao semelhante que posteriormente estarão atravessadas pela diferença anatômica entre os sexos.

Em contraposição a Klein, afirma que a atividade uretral, nos primeiríssimos tempos de constituição subjetiva, é prazerosa e não necessariamente sádica ou agressiva. A enurese, quando se liga à agressividade com o objeto, é produto de um recalcamento secundário, porque já obteve uma ressignificação, se liga à confrontação narcisista com a mãe, após ter obtido uma significação por parte dela. Mas, como vimos, nem sempre é dessa ordem de coisas que se trata. Pode se referir a uma descarga imediata, ligada a um exercício pulsional mais direto. Pode traduzir um gozo por si mesmo, fruto de um autoerotismo não recalcado.

Reproduzimos no fim desse trabalho um caso clínico relatado por Silvia Bleichmar.

5.
Finalizações

Gostaríamos de acrescentar ainda, às diversas situações em que uma enurese ou uma encoprese se apresentam, aquelas situações que há tempos têm especialmente nos ocupado: separações traumáticas das crianças de seus pais.

Aqueles que se dedicam mais detidamente à clínica psicanalítica com crianças que são abrigadas muito frequentemente se deparam com a ocorrência de quadros de enurese e de encoprese secundárias.

Como vimos, para Freud, o erotismo uretral e anal têm como modalidade de satisfação da pulsão o autoerotismo. Diante de situações altamente traumáticas como o desamparo por que passam tais crianças, a ultrapassagem do autoerotismo para o narcisismo se vê comprometida. Sabemos que no autoerotismo temos a pura satisfação de órgão, mas ainda não se tem um ego constituído. O que possibilita o surgimento do ego inaugurador do narcisismo primário são os investimentos narcísicos advindos do adulto maternante. Quando esse investimento narcísico advindo do outro é drasticamente interrompido, como nos casos de abrigamento, a instauração do ego torna-se deficitário. Portanto, quando as crianças são institucionalizadas, colocadas em abrigos, suas funções corporais vitais sob domínio egoico podem se desorganizar, e dentre elas, as funções excretórias e, em decorrência, surgirem quadros de enurese ou encoprese.

Enfim, procuramos reunir algumas das mais valiosas contribuições de pensadores da psicanálise que adentraram nos estudos sobre os transtornos da excreção.

Vale a pena lembrar que, se é que realmente há várias psicanálises, também em Freud encontramos uma produtiva ambiguidade e a convivência e coexistência entre as reformulações de seus próprios conceitos. Klein, Winnicott, os autores clássicos da psicossomática psicanalítica, Lacan e Laplanche também geraram escolas que promovem múltiplos desdobramentos de seus pensamentos. Mas, se nosso objeto de estudo é o sujeito humano, repleto de obscuridades, para sempre inacabado, as teorizações e a clínica psicanalíticas só podem se colocar dentro das produtivas incertezas.

Realçamos os desenvolvimentos realizados por Silvia Bleichmar, apostando na verdade em sua provisoriedade, tal como ela mesma propõe. Há que se eleger uma teoria, sem o que cairíamos numa ausência de projeto e num pseudodemocratismo. Além disso, a clínica com crianças parece agudizar as questões que a psicanálise se coloca. É diante da criança que esgarçamos a necessidade de nos apropriarmos de um saber consistente, alertos para o perigo de cairmos na tentação de um tudo saber sobre o outro, que obtura e silencia. Quanta violência secundária, nas palavras de Piera Aulagnier, pode exercer um analista quando se coloca na posição de capturar o pensamento de seu pequeno paciente?...

Dentre as interrogações mais inquietantes, ressoam aquelas relacionadas à preocupação com uma prática que realmente esteja do lado de fazer advir o sujeito, para que não nos equivoquemos em cair em armadilhas assujeitadoras e enclausurantes.

Volnovich (1991) traduz bem essa preocupação:

> [...] sabemos que tanto saúde como doença são categorias ideológicas, e que cada sociedade define suas doenças e suas produções de saúde. Nada mais difícil que estabelecer uma nosologia da infância, e podemos precisamente dar-
> -nos conta de que tal nosologia pode conspirar contra o objetivo de situar a criança como sujeito do próprio discurso. (p. 22)

Fazendo coro a vários autores, podemos dizer que para entendermos o que se passa com uma criança que deixa escapar sua urina e fezes precisamos aprender a escutar cada criança diante de sua complexidade e singularidade psíquicas.

É na conversa que travamos com as teorias e com a clínica com a criança que podemos aguçar permanentemente nossa escuta e nosso saber. Tal como ocorre em relação à urina e às fezes, a continência das formulações teóricas é fundamentalmente necessária para se aceder a uma clínica ética, mas pode produzir transbordantes transtornos quando feita de modo severo, rígido e precoce.

6.

CASOS CLÍNICOS

Melitta Sperling[1] *– Intervenção psicanalítica breve no caso de enurese persistente (trechos)*[2]

Ruth tinha 13 anos quando chegou ao tratamento [...] Era meado de junho e havia se inscrito num acampamento a que desejava muito ir.

[...] Inteirei-me pela mãe que Ruth tinha um irmão três anos mais novo com quem ela se dava muito bem. Para satisfação da mãe, a menina nunca deu mostras evidentes de ciúmes a seu respeito e não mudou seu sintoma enurético depois que ele nasceu. Ruth se urinava desde a mais tenra infância e não havia tido, até o momento, uma só noite seca.

---

[1] SPERLING, M. *Psicoterapia del niño neurótico y psicótico*. Buenos Aires: Hormé, 1980.

[2] Tradução livre.

Ao descrever seus filhos, a mãe se referia a Ruth como uma menina agressiva e ativa, muito interessada em atletismo, enquanto seu filho era um menino mais retraído e passivo, provavelmente nada atlético. Também me contou que ela mesma tinha sido enurética até os 9 anos de idade.

[...] Ruth era bem desenvolvida, de bons modos e bonita de aspecto. Observava-me com cautelosa curiosidade. Falava pouco de si, como se esperasse que eu dissesse tudo. Soube pela mãe que, depois da primeira entrevista, Ruth lhe havia falado que eu a olhava como se quisesse hipnotizá-la. Também lhe disse que durante todo o tempo que durou a sessão dizia a si mesmo (e provavelmente estava tão preocupada por isso que não podia pensar em mais nada): "Não vou deixar que me hipnotize". Na segunda sessão comentei isso com Ruth, interpretando que isso era evidentemente o que queria que eu fizesse: hipnotizá-la. Desse modo ela não teria nada que ver com o abandono de seu hábito de molhar-se, nem com averiguar por que lhe era necessário recorrer a ele, nem seria responsável se havia reincidência. Em suma, queria deixar tudo por minha conta. Expliquei--lhe que isto não poderia funcionar deste modo, que tudo o que eu poderia fazer era ajudá-la a reconhecer que havia uma parte de si que queria urinar-se e por isso não havia conseguido nada com seus esforços conscientes. Ruth me falara, como o fazem quase todas as crianças enuréticas, que não queria urinar-se, mas não podia fazer nada para evitar. Como saber o que fazia enquanto estava dormindo?

A esta altura lhe contei o mito do sonho profundo: expliquei que se urinar não era uma atividade que se conseguia quando se dorme profundamente, que mesmo uma criança pequena pode reter a urina por toda a noite. Também sabia, porque se havia examinado com frequência, que não padecia de nenhum problema urológico. Dei-lhe uma breve explicação sobre os motivos inconscientes que são a causa do fracasso da decisão consciente quando não se conhece a necessidade inconsciente de realizar certas ações. Depois disso, Ruth passou o resto da sessão queixando-se de seu pai. Não a deixava jogar com os meninos, nem lhe permitia andar de bicicleta. Era muito severo. Em suma, não a deixava fazer as coisas que ele considerava próprias dos meninos. Queria que se conduzisse como uma dama.

Antes da terceira sessão, a mãe me chamou para dizer que Ruth não queria vir. Dissera que tinha medo da colina que teria de passar de carro a caminho do meu consultório. Também me falou que ela mesma se sentia alterada sem saber por quê. Imediatamente depois me disse que Ruth havia deixado de urinar-se (pela primeira vez em sua vida) e que afirmara que já não necessitava de mim por causa da enurese. Sugeri à mãe que dissesse a Ruth que havia falado comigo e que a minha impressão era de que, se tinha medo da colina, deveria vir me ver para falar desse medo. Também sugeri que lhe dissesse que poderia ajudá-la a resolver alguns dos outros problemas que eu sabia que tinha. Ruth veio e me disse: "É engraçado, quando me decidi a vir deixei de ter medo da colina". Interpretei algumas significações de sua afirmação: em primeiro lugar, como continuava resistindo ao tratamento, pois agora que não temia a colina, tampouco necessitava vir por esse motivo e, segundo, que uma vez que havia decidido vir, já não teria necessidade de temer a colina, que tinha como objetivo impedi-la de vir me ver. Ela disse que podia entender que o medo foi um importante meio para impedir que fizéssemos algumas coisas. Com surpresa recordou, de repente, um incidente que havia ocorrido quando tinha 6 ou 7 anos. Relacionava-se com o temor que havia experimentado pela colina. Nesse tempo havia sofrido um acidente: o automóvel no qual viajava com sua família despencou de um barranco e ao despertar estava num hospital. A única coisa de que se recordava do momento precedente ao acidente era o vento que soprava pela janela do automóvel. Era o mesmo sentimento e temor que havia experimentado na colina ao vir me ver. Era o medo do vento que soprava pela janela do automóvel ao descer a colina. Assistir às sessões se associava a uma situação de extremo perigo, idêntico ao de perder a vida. Havia reavivado a recordação recalcada de uma verdadeira situação de perigo na que poderia haver perdido a vida.

A experiência das prolongadas análises de meninas enuréticas e suas mães permitiu-me compreender a natureza desses medos profundamente inconscientes estimulados pelo tratamento de Ruth e de sua mãe. A mãe contou-me que também ela se sentia extremamente ansiosa sem saber por que, quando na realidade deveria se sentir contente por Ruth ter deixado de se urinar. Deixar de se urinar equivalia a abandonar uma identificação inconsciente com o menino e o apego homossexual pela sua mãe, que se havia mantido nesse caso pela micção (o vínculo úmido). Evidentemente, tanto Ruth como sua mãe haviam percebido esse perigo, que tinha se manifestado em uma ansiedade que quase alcançou proporções de pânico. Interpretei para Ruth que se sentira ameaçada pelo tratamento e que, segundo parecia, isto mobilizou um antigo temor, advertido-a contra um perigo, como se tivesse algo muito importante que seu inconsciente temera e quisera alertá-la contra isso, algo que descobriria e perderia por intermédio do tratamento. Assegurei que não tinha por que temer o seu inconsciente, que só era uma parte de si mesma, e que não poderia fazer nada que ela realmente não quisesse.

Na quarta e última sessão, voltou a queixar-se de seu pai, de seu irmão e de seu primo que tinha a mesma idade dela. Pela primeira vez me pediu conselho sobre uma situação concreta. Sua dificuldade era a seguinte: sentia-se ansiosa por ser aceita em um clube e sentia que esta seria uma conquista social para ela, pois seus membros eram muito exclusivos. Havia sido convidada a uma reunião no clube quando se decidiriam sobre sua admissão. Seu primo queria ir com ela a essa reunião. Disse-me que se sentia envergonhada dele e que o considerava inferior, mas que se sentia em conflito, pois não queria ofendê-lo. Por outra parte, considerava que levá-lo consigo era perder a oportunidade de ser aceita. Pude mostrar-lhe que estava projetando seus próprios sentimentos de inferioridade e o temor de não ser admitida em seu primo. Logo, Ruth passou a expor sentimentos adversos com respeito aos meninos. Na primeira sessão havia admitido francamente que preferia ser um menino a uma menina. Foi possível demonstrar-lhe que inconscientemente parecia considerar-se um menino, e que por essa razão sublinhava no próprio comportamento os traços masculinos, ao mesmo tempo que era necessário sentir que os meninos eram inferiores e desvalorizar seu irmão e seu substituto, seu primo. Em relação a isto lhe expliquei alguns conceitos do desenvolvimento psicossexual das meninas, assinalando que tais sentimentos eram universalmente experimentados pelas meninas de certa idade. Indiquei que existiam algumas razões específicas pelas quais era necessário que ela se aferrasse com tal intensidade a desejos que as meninas têm, mas que com o tempo conseguem superar. Comentamos o fato de que essa é uma idade muito importante para as meninas, quando começam a observar as diferenças anatômicas e são muito conscientes de que carecem do pênis que desejam. No fim dessa sessão, disse: "Decidi não me urinar nunca mais e isso é o que vou fazer".

No dia seguinte, a mãe chamou-me para dizer que Ruth lhe havia mencionado algo sobre sua vagina. A mãe parecia extremamente impressionada e me disse que não sabia como eu poderia ter entendido o que aconteceu com Ruth quando ela era pequena, mas que sentia que teria de me dizê-lo. Revelou-me que havia se sentido tão culpada disso que não havia podido mencionar durante a entrevista em que decidimos pelo tratamento de Ruth.

Quando Ruth tinha 3 anos, pouco depois do nascimento do irmão, a mãe se sentiu tão incomodada com a enurese da menina que lhe disse que teria de urinar sempre que tivesse vontade, do contrário sua vagina se arrebentaria. Disse isso porque quando levantava Ruth da cama para que urinasse, a menina não o fazia alegando que não tinha vontade, mas pouco depois molhava a cama. Para que essa ameaça impressionasse mais lhe disse que sua vagina era diferente e que não podia reter a urina. E essa ameaça da mãe não havia caído em ouvidos surdos; foi testemunhada pela professora do maternal em que Ruth ia aos 3 anos. A mãe recordava que a professora lhe contou o estranho comportamento que observou em Ruth durante os períodos de recreio. Insistia que deveria ir ao banheiro nos recreios porque sua vagina era diferente e se arrebentaria se não o fizesse. A mãe sentiu-se muito aliviada depois de confessar isso. Era evidente que isso vinha sendo uma carga para ela durante todos esses anos.

Essa conversa telefônica se deu no dia que precedeu a partida de Ruth para o acampamento. A menina chamou-me quando voltou para dizer-me que havia passado muito bem, que não se molhou durante a estada e que tinha intenções de continuar sempre seca.

Esse caso mostra que o desejo inconsciente de ser um menino ficou reforçado de modo peculiar por uma afirmação da mãe que se converteu na força dinâmica de uma persistente enurese em uma menina de 13 anos. Mostra principalmente que sobre a base do *insight* psicanalítico obtido com o tratamento de enuréticos, foi possível esclarecermos por meio de um atalho, por assim dizer. De outro modo teriam sido necessários anos de tratamento psicanalítico. Esse caso ilustra algumas das observações feitas sobre o mito do sonho profundo e da bexiga débil que, nessa ocasião, de um dia para o outro se converteu em uma bexiga forte.

Demonstra também o importante fator dinâmico da identificação masculina nas meninas enuréticas e a tendência a um apego homossexual à mãe. A enurese permitia uma indevida aproximação física a uma menina quase adolescente. A retenção da urina quando Ruth estava sentada no sanitário para descarregá-la em seguida na cama não era, em seu caso, tanto uma vingança como um modo de liberação de incestuosos impulsos perversos (homossexuais) dirigidos à mãe na forma de um presente: o "vínculo úmido" que representa também uma enorme ejaculação, assumindo Ruth o papel masculino.

Melitta encanta com esse relato. Apesar de nos mostrar uma certa pedagogia do processo psicanalítico com a sua paciente, mostra-nos, também, como acompanha Freud bem de perto nos entendimentos sobre as escolhas dos sintomas e por que se produz uma enurese.

A enurese faz-se presente na particular e complexa trajetória do Édipo feminino. Essa adolescente temia a enurese, mas temia também renunciar a ela. Uma enurese primária numa menina de 13 anos sugere um grande embricamento entre a sexualidade materna e a filial que não escapou do entendimento dessa autora. Sem perder sua paciente de vista, sobre o que se passa na singularidade de seu aparato psíquico, Melitta consegue abrir espaços para que a mãe possa ir se descolando da trama que a impede de exercer sua função de contrainvestimento para os transbordamentos de sua filha.

Melanie Klein[3] – Análise de uma criança enurética e encoprética

> Trude, de três anos e nove meses (idade em que iniciou a análise), costumava amiúde fazer de conta, em sua análise, que era noite e que ambas estávamos dormindo. Ela vinha avançando para mim no canto oposto da sala (onde se supunha estaria o seu quarto de dormir) e ameaçava-me de várias maneiras, como, por exemplo, de que ia me

---

[3] KLEIN, M. (1932) *Psicanálise da criança*. São Paulo: Mestre Jou, 1975.

apunhalar na garganta, me atirar pela janela, me queimar, me levar à polícia etc. Queria amarrar minhas mãos e meus pés, ou então erguia a cobertura do divã e dizia que estava fazendo "Pô-Kaki-Kuki". Isto, conforme comprovei mais tarde, significava que ela queria procurar "Kakis" (fezes), que para ela significavam crianças, dentro do traseiro de sua mãe. Em outra ocasião, quis me agredir no estômago e declarou que estava tirando meus "A-as" (fezes) para me empobrecer. Agarrava, então, as almofadas, que muitas vezes para ela significavam crianças, e agachando-se com elas por trás do divã, manifestava todos os sintomas de medo, cobrindo-se, chupando os dedos e urinando. Costumava repetir o processo inteiro todas as vezes que me atacava. Isso correspondia, em todos os detalhes, à maneira como ela se comportava em seu leito quando, com 2 anos incompletos, fora acometida de graves terrores noturnos. Naquela época também corria muitas vezes à noite para o quarto dos pais, sem conseguir explicar o que desejava. A análise revelou que o ato de molhar-se e sujar-se eram ataques contra os pais em cópula, e assim os sintomas foram suprimidos. Trude queria roubar os bebês do ventre de sua mãe grávida, matá-la e substituí-la no coito com seu pai (sua irmã nasceu quando tinha 2 anos de idade). Esses impulsos de ódio e agressão haviam produzido, em seu segundo ano de vida, forte fixação à mãe e um sentimento de culpa que se manifestava, entre outras coisas, em seus pavores noturnos.

Com esse relato, e com todos os outros que faz, Melanie Klein nos permite entender por que Lacan lhe outorgou a alcunha de "adorável açougueira", pela maneira como vai dissecando os miúdos dos conteúdos inconscientes de seus pacientes. O grau de ferocidade e despudor com que vai decodificando as fantasias inconscientes frequentemente causa um grande incômodo no leitor. Vemos como entende que os objetos internos apresentam um caráter mais antropomorfizado do que nos propõe Freud. No entanto, é louvável sua fé na psicanálise e na soberania do inconsciente. Uma vez que o brincar, para ela, é um equivalente da livre associação; por derivação de suas teorizações, sua clínica esmera-se por uma leitura tradutiva desse brincar.

Saul Peña[4] – *Supervisão de Winnicott para um caso de menino encoprético*[5]

> [...] Era um menino de 5 anos, muito formoso, vivaz, inteligente, esperto e sensível que veio para a análise por uma encoprese.
>
> Desde o início da análise, se mostrou tremendamente agressivo e hostil. Atirava-me seus brinquedos, me atacava com eles, chegando em uma oportunidade até mesmo a

---

[4] PEÑA, S. Mi experiencia en la formación como psicoanalista de niños y adolescentes. *Fort-Da: Revista de Psicoanálisis con Niños*. Disponível em: http://psiconet.org/winnicott/textos/pena1.htm

[5] Tradução livre.

cuspir em mim. Isto se expressava igualmente em suas fantasias e desenhos sobre guerra, nos quais chocava, golpeava e derrubava aviões. Ele me matava, me atacava, eu morria e logo ressuscitava. Sempre vencia e nunca quis me dar seus brinquedos para conservá-los porque acabava quebrando.

Em uma supervisão, Winnicott perguntou-me como eu entendia a agressão tão violenta que ele expressava em suas sessões. Respondi que tinha a impressão de que era resultado exatamente o contrário do que se sucedia em sua casa. A única maneira pela qual poderia expressar agressão a seus pais era pelo ânus, dado que sua mãe era uma educadora, sentida por ele como severa e repressora, e ao pai ausente. Disse-lhe que seu comportamento nas sessões evidenciava a necessidade que esse menino tinha de fazer comigo o que ele gostaria de fazer com seus pais.

Winnicott disse-me que muito provavelmente eu teria alguma razão, mas que para ele o importante era que o menino sofria de pesadelos e que uma maneira de comunicar-me era fazendo-me experimentar o que ele experimentava em seus sonhos, simplesmente trocando os papéis nos quais ele era o perseguido por perseguidores que queriam eliminá-lo, enquanto na sessão ele me situava na posição de perseguido e ele assumia o papel de perseguidor, tratando de fazer-me sentir e experimentar o que ele sentia.

Isso facilitou muito a comunicação com meu paciente e permitiu gradualmente tratar seus jogos e sonhos como mensagens que possibilitavam entender e compreender seu mundo interno. Ao mesmo tempo, o fazia ver como era importante para ele dar-se conta de que podia permitir-se expressar sua cólera, seu ódio, sua raiva e seus desejos de morte, mas que ele e eu seguíamos vivos e como poderia até, muitas vezes, me matar e me ressuscitar. Transmiti-lhe que isto me dava a possibilidade de lhe mostrar também a minha cólera, minha raiva, ou mesmo minha vulnerabilidade, que ele não era o único que podia ter esses sentimentos, nem ser o único vulnerável, já que eu também o era.

Esse descobrimento para ele deu bons resultados, dado que, na sexta-feira dessa mesma semana, surpreendeu-me ao pedir-me que lhe desse algumas folhas de papel, que teria naquele fim de semana a análise em sua casa e que na segunda-feira me traria seus desenhos. Ao lhe dar as folhas arregalou os olhos, sorriu e me disse: "Na segunda-feira vou trazer meus desenhos e vou dá-los a você para que os guarde". Essa mudança foi acompanhada da superação do sintoma. Gradualmente foi sendo capaz de se dar conta e ter *insight* sobre seu mundo interno no qual não somente existiam seus pais, seus irmãos que estavam muito ciumentos de que ele tivesse análise, mas também tinha a minha dentro dele. Dessa forma, em uma sessão posterior me trouxe um caramelo que não somente aceitei como o comi. Winnicott disse-me que eu parei o jogo (*you stopped the play*). Aí aprendi a importância de não interromper o jogo. Supervisionando essa mesma sessão com outra analista e com outros colegas, afirmou que se fosse minha supervisora e eu tivesse feito isso, me mataria. Digo isso para mostrar diferentes atitudes frente a uma situação específica.

Logo que parou a encoprese, foi também capaz de gozar nadando pela primeira vez e sentir-se muito orgulhoso de seu sucesso, uma vez que nadar o aterrorizava.

Quero lhes contar que, um dia, supervisionando esse caso, Winnicott pediu-me que dirigisse meu olhar para a janela de seu consultório que dava para um parquinho. Lá um menino jogava bola. Falou-me algo que se vinculava em grande medida com a carta que me escreveu: que o importante não era somente que o menino jogasse a bola, mas que ele sonhara jogando com a bola.

Talvez seja significativo transmitir-lhes igualmente dois feitos de Winnicott: a capacidade de dar ao paciente a possibilidade de descobrir a vulnerabilidade do analista e descobrir em si mesmo a fortaleza de poder contemplar a sua e a do outro, sem senti-las ameaçantes.

Esse relato de caso também nos permite conhecer um tanto da poética clínica winnicottiana. E como elevou à categoria de princípio a visão freudiana de que a criança brinca como o poeta. E esse brincar é buscado por Winnicott como uma forma de promover ligações simbolizantes.

Destoando tanto de Freud quanto de sua mestra, Melanie Klein, construiu um campo epistemológico próprio que produz uma clínica original diante de situações clínicas que não poderiam ser abordadas pela interpretação clássica psicanalítica. Um espaço potencial que aponta para uma neogênese, nos moldes propostos por Silvia Bleichmar, mas que, para muitos, carece de uma precisão metapsicológica.

Rosine Debray[6] – *Uma fobia pela defecação ou encoprese apresentada por uma menina de três anos e meio de idade.*

> [...] era, então, uma menininha mais para rechonchuda e bonita, mas que impressionava de saída por seu aspecto regressivo. Quando da primeira sessão, enquanto sua mãe fala comigo com excesso, ela fica praticamente todo o tempo enrolada em seu colo, sugando o polegar como um bebezinho. Entretanto, procura entrar brevemente em contato comigo, sob um modo de provocação mínima, sorrindo para mim de vez em quando, com o polegar na boca e sussurrando palavras para sua mãe, a quem proíbe de repeti-las para mim.
>
> Seu sintoma, apresentado como uma fobia pela defecação, que se teria instaurado aos vinte meses aproximadamente, quando a mãe tentou obter o controle esfincteriano, evolui sem descontinuidades desde aquele momento e aparece-me, portanto, como uma conduta encoprética instalada,

---

[6] DEBRAY, R. *Bebês/mães em revolta:* Tratamentos psicanalíticos conjuntos dos desequilíbrios psicossomáticos precoces. Porto Alegre: Artes Médicas, 1988.

presentemente. Camille defeca de preferência à noite, em suas fraldas, acordando então seus pais para que a mãe a troque. Se, exasperada, a mãe decide não mais lhe colocar fraldas, Camille pode se segurar por vários dias e várias noites, esperando que sua mãe se canse, para enfim se liberar em suas fraldas, com uma evacuação que então a machuca. Ela geme e chora e a Sra. T. se angustia e se sente culpada. Portanto, ela coloca as fraldas sistematicamente à noite, até um novo afrontamento. Aos três anos e meio, Camille nunca fez uma evacuação no banheiro, embora faça pipi sem problemas aí e recuse-se a utilizar o penico.

A mãe, desde esta primeira sessão, parece-me fina, sensível, calorosa. Ela tem um êxito profissional brilhante, um marido que a ama e que também tem bastante êxito. Parece completamente satisfeita com a vida. Apenas o sintoma rebelde de Camille vem obscurecer o quadro. Principalmente para ela, pois o pai, por sua vez, não se demora muito nisto e teria tendência a esquecê-lo.

Num segundo momento, pareceu-me claramente que eu subestimara – talvez como o pai – a importância da sintomatologia de Camille. Provavelmente por causa da personalidade tão rica da mãe e também em razão da importância dos elementos regressivos que Camille exibia de um modo provocante, pouco relacionados com o que me aparecera, aliás, como seu excelente desenvolvimento psicossomático. Minha convicção de que esta sintomatologia seria lábil e que logo tudo voltaria à ordem se apoiou efetivamente nesses elementos. Contudo, era uma convicção bem presunçosa do que a sequência deste tratamento devia me convencer.

Camille, sob uma aparência sempre de forma aberta regressiva, revelou-se efetivamente intratável. Ela sabia desmontar sucessivamente todas as armadilhas que eu lhe armava, sob a forma de diversas modificações do contexto, com o objetivo de romper o que me aparecia como o engajamento em uma compulsão de repetição deletéria. Assim, quando ela compreendeu que sua mãe não lhe colocaria mais as fraldas à noite, modificou seu sintoma fazendo sistematicamente suas evacuações à noite, em sua calça de pijama. Ao mesmo tempo, recusava-se de uma maneira insuperável a vir sozinha à sessão comigo. Ela foi muito apoiada nesta recusa, durante um longo período, por sua mãe, que não queria abandonar-me Camille, pois estava muito interessada em saber como eu poderia haver-me com ela, já que ela mesma se sentia completamente desprovida de ideias face à sua sintomatologia. Fazendo isto, a Sra. T. deslocava a prova de forças que a opunha à sua filha para a obtenção da evacuação no penico, para mim, que ela deseja observar, medindo-me a Camille durante as sessões. Mas aí ainda a resposta defensiva da criança resistia a toda prova. Impossível envolver-se numa atividade organizada um pouco duradoura, Camille interrompia tudo: história, jogo, relato, a imagem de seus desenhos estereotipados, nos quais cobria a folha de círculos de cores diferentes, mas frequentemente marrons, que batizava de "bolas de neve" e que eu interpretava repetidamente como "cocô". O refúgio no colo de sua mãe com o polegar na boca continuava sendo, com o passar do tempo, o último recurso quando a relação comigo apresentava o risco, de repente, de se tornar muito implicada.

Apenas seis meses aproximadamente após o início desta psicoterapia conjunta mãe-criança é que o pai virá à sessão com sua mulher e Camille, e que vou assim conhecê-lo. Tinha sugerido, naquele momento, uma nova modificação do contexto educativo, incentivando a mãe a deixar de lavar Camille pela manhã, quando ela saía de sua cama suja, cujo odor impregnava todo o quarto. Tinha dito à criança que se, apesar de tudo, ela gostava das sujeiras, tinha de se virar sozinha, se quisesse sair e ir à escola sem se sentir mal. Esta intervenção visava auxiliar Camille, que me parecia cada vez mais pressionada por seu sintoma regressivo e que traduzia seu sofrimento por meio de um comportamento carterial difícil de suportar em casa, onde estava constantemente chorando como um bebê. Evidentemente, por várias vezes eu interpretara a clivagem penível que ela vivia – entre seu desejo de continuar sendo um bebê de quem a mamãe sempre se ocuparia e seu desejo de ser grande na escola com suas amigas, aonde aparentemente ela ia com prazer. A resposta de Camille às minhas interpretações tornava-se cada vez mais grosseira: mostrava-me a língua, gritava, cuspia se fosse preciso e procurava transgredir os interditos, principalmente escrevendo com as canetas hidrocor em outros lugares que não na folha de papel.

Ela vai adotar esta atitude provocante na sessão quando está comigo e seus pais, levando o pai a tomar por várias vezes medidas interditoras firmes para me proteger da agressividade de sua filha. Esta me parecia, contudo, bastante justificada, pois a relação de forças desta menininha de 4 anos confrontada a três adultos, podia lhe parecer bem desigual. A expressão da agressividade vai, entretanto, mudar de protagonista durante esta sessão, não somente no que concerne à Camille, que vai se achar várias vezes nos braços de seu pai, que a acaricia com ternura, mas também no que concerne aos dois pais entre si. O Sr. T., que é um homem simpático, alto e atlético, queixa-se da extraordinária obstinação de sua filha, que nenhuma promessa de presente conseguiu vencer; ao fazê-lo sinto-o muito mais admirativo de que sua filha o enfrente com tanta ousadia. Se dependesse só dele, manteria uma prova de força da qual está convencido de que sairia vencedor. A Sra. T., deprimida e inquieta, diz-se responsável pelo sintoma de Camille: não se sente capaz de ser mais firme do que já o é. Aliás, ela suporta mal ter de acordar sua filha às 11 horas da noite para fazê-la fazer pipi, pois ela dorme tão profundamente. E isto mesmo quando Camille lhe deu seu assentimento. O afrontamento pai/mãe em relação à conduta educativa a adotar me parece próximo, e sob um modo que me parece dever ser apaziguador, pergunto à mãe por que não deixava seu marido se virar com toda a questão com Camille, pois aparentemente ele o desejava. Num segundo momento, não fiquei nada satisfeita com uma sugestão destas, pois era tomar partido no conflito educativo que, com toda evidência, opunha o Sr. e a Sra. T. e do qual o sintoma de Camille era por um lado a consequência. Era também engajar o pai numa prova de força, da qual ele duvidava – ao contrário do que afirmava – sair vitorioso. Em suma, tratava-se de uma sugestão antipsicanalítica.

Esse exemplo mostra a dificuldade dos tratamentos pai-mãe-criança, em que variáveis em demasia podem interferir para deixar uma margem de manobra suficiente ao terapeuta, que pode ficar submerso, exausto e irritado também com o caráter rebelde de uma sintomatologia desagradável que, assim como o odor que passava da cama ao quarto e depois ao apartamento, se tornava impregnante, afetando no momento o caráter e o comportamento desta menina.

[...] Essa passagem do corpo próprio para o aparelho psíquico é que fazia problema em Camille, deixando-a de certo modo fixada num estágio regressivo no qual todo processo de elaboração psíquica parecia bloqueado.

Novamente propus, pois, modificações do contexto; mas desta vez no enquadramento da própria psicoterapia, sugerindo uma vez mais para Camille vir me ver sozinha, depois, diante de sua recusa, anunciando-lhe que neste caso eu veria alternativamente sua mãe uma vez sozinha sem ela, a fim de tentar remediar o que lhe apresentei como uma situação bloqueada. E, se o sintoma num primeiro tempo permaneceu imutável, o material em sessão modificou-se com rapidez, mostrando finalmente uma retomada do movimento evolutivo psíquico.

No caso de Camille, as ligações entre a sintomatologia anal e a expressão da agressividade são evidentes. Com efeito, pode-se dizer que renunciar a seu sintoma seria se submeter ao desejo de seus pais e lhes dar este presente que constituía sua evacuação no penico, mas seria também renunciar à sua agressividade, principalmente face a mim em sessão, e não mais gritar, cuspir ou querer riscar tudo com as canetas hidrocor, equivalente ao sujar tudo com seu cocô. Numa formulação kleiniana, Camille atacava e separava seus pais, reunidos em sua cama à noite, quando ela fazia uma evacuação. Sua raiva e sua inveja destruidora em relação a eles conseguia, assim, se aliviar, impedindo ao mesmo tempo o acesso ao prazer do domínio e, com isso, uma certa renúncia pulsional.

Pareceu-me que a Sra. T. tinha contribuído de maneira involuntária para engajar sua filha nesta via, sendo favorável demais aos comportamentos regressivos da criança e mando, além disso, uma certa confusão entre zonas corporais distintas. Assim, ela se queixava tanto da enurese noturna de Camille quanto de sua encoprese. Contudo, não se trata absolutamente do mesmo tipo de sintoma, a participação consciente da criança na emissão de sua evacuação não tendo medida comum com a da emissão de urina. Aliás, habitualmente o controle esfincteriano é de início adquirido ao nível anal e somente em seguida ao nível urinário de dia e depois secundariamente à noite. Manter uma equivalência urina-fezes é impedir a percepção estruturante de uma diferença importante ao nível da experiência corporal e de sua tradução psíquica.

Rosine Debray suscita, nesse relato de caso, que nos depararmos com as inevitáveis interrogações sobre o lugar dos pais na clínica psicanalítica com crianças. Por que, nesse caso, ela elege o atendimento da dupla mãe-criança? Sabemos que, a partir do enfoque teórico de partida, as intervenções num atendimento da dupla mãe-criança podem ter perspectivas muito diversas. E Debray parece privilegiar as intervenções dirigidas tanto à criança quanto à mãe que se destinam a modificações no contexto educativo. Parece-nos que sua clínica da relação mãe-criança reflete predominantemente uma perspectiva de conflitos inter-relacionais do que intersubjetivos ou intrapsíquicos.

Bem no fim do relato parece enunciar a trama que poderia acenar para uma maior pertinência, a nosso ver, do atendimento da dupla mãe-criança. Acompanhando Silvia

Bleichmar, Camille apresenta uma encoprese primária, portanto é de um transtorno que se trata e não de um sintoma. A excessiva complacência com os sintomas da filha e as indiscriminações entre os erotismos uretral e anal reveladas pela mãe indicam algo do que as atravessa e as enlaça. Essa criança não pode abdicar de um prazer autoerótico, sepultá-lo como desejo recalcado, porque a mãe não opera como contrainvestimento para os excessos da filha.

Note-se que Debray nomeia como "involuntário" algo que, desde Laplanche, seguido por Silvia Bleichmar, se trata de significantes enigmáticos. Pelo prisma que estamos enfocando, é sobre a operância dessas mensagens transmitidas inconscientemente que o trabalho direto com os pais, não necessariamente na presença da criança, se faz pertinente, sem substituir a escuta daquilo que a própria criança pode portar.

Françoise Dolto[7] – Atendimento a um menino com enurese e encoprese diante do nascimento de um irmãozinho

> [...] trouxeram-me um menino de 2 anos que apresentava distúrbios violentos de caráter e uma agressividade perigosa em relação a um irmãozinho de três meses. Exatamente as idades respectivas de meus dois filhos. Mas Robert já vivera três meses no conflito, complicado pelas reações educativas do meio ambiente: "Você é malvado, ele é tão pequenininho! É feio ser ciumento, isso aborrece a mamãe". Em

---

[7] DOLTO, F. (1981) *No jogo do desejo*: Ensaios clínicos. São Paulo: Ática, 1996.

suma, todo o arsenal de punições, privações etc., com a mãe evitando segurar o bebê diante do irmão, por causa das grandes reações de agressividade que isso desencadeava (quebra de objetos, pontapés na mãe e, quando ela desviava os olhos, tapas no recém-nascido, beliscões, puxões de cabelos, tentativa de afogá-lo na banheira e de lhe enfiar uma tesoura nos olhos). Assim, em pouco tempo, Robert perdeu tudo o que havia adquirido e se tornou cada vez mais apatetado, embora, antes do nascimento do caçula, tivesse sido uma criança precoce. Pálido, falando baixinho diante de mim para monopolizar a mãe e para que ela não falasse com a doutora, ele havia também perdido o apetite e fazia xixi e cocô nas calças.

Não tomei essa criança em tratamento psicanalítico, mas decidi aconselhar à mãe um comportamento que deveria permitir que o menino ab-reagisse. Disse a mim mesma: se a hipótese que tenho sobre o conflito do ciúme estiver correta, eis aqui uma oportunidade de verificá-la.

Disse à mãe que mudasse completamente de atitude (um tio psicanalizado que eu não conhecia, e que havia aconselhado a mãe a vir consultar-se comigo, aceitou ajudá-la): Robert não é malvado – ele está sofrendo. Recomendei-lhe, quando visse um gesto agressivo de Robert diante de um objeto pertencente ao irmão, que, em vez de culpá-lo, fizesse uma fala em "negativo". Que dissesse, por exemplo: "As coisas de Pierrot ficam espalhadas por toda parte". Caso as pessoas elogiassem o bebê, que ela dissesse a meia-voz: "Pierrot, Pierrot, é sempre ele que as pessoas admiram. E, no entanto, ele não sabe fazer nada senão dormir, comer e sujar as fraldas. É que as pessoas são bobas, como se um bebê fosse tão interessante assim". Quando Robert se colocasse por um momento em oposição a alguma pessoa, que ela não tomasse a dianteira, mas o deixasse viver sua reação sem emitir juízos sobre sua maldade; que simplesmente o deixasse escutar: "Coitado do Robert, isso não é de surpreender. Desde que Pierrot chegou, a vida está toda ao contrário, nada é como antes; é forçoso que ele não saiba mais o que fazer". Sobretudo, recomendei que ela não evitasse oferecer seus cuidados ao bebê diante de Robert, como vinha se empenhando em fazer para não despertar ciúme no mais velho. Ao contrário – e isso era o que me parecia mais importante nessa terapia psicológica –, era importante que ela fizesse gestos maternais em relação ao bebê, trocando-lhe as fraldas e dando-lhe a mamadeira, mas sempre emitindo a seu respeito juízos desfavoráveis, num tom extremamente gentil, toda vez que Robert estivesse presente. Por exemplo, se ela afagasse o recém-nascido, dissesse. "Como são bobas as mamães, por gostarem de pequerruchos que não sabem fazer nada como Pierrot. Só mesmo uma mamãe para amar esses embrulhinhos que não servem para nada senão chorar, comer e fazer xixi e cocô".

Diante dessas recomendações, a mãe ficou um pouco desnorteada e me disse: "Acho que, se eu der razão a Robert, ele vai simplesmente matar o irmãozinho, no ponto em que está agora". Expliquei que não se tratava de dar razão a seus atos, mas de fazê-lo compreender, por meio das palavras, os motivos que o moviam: de dizer palavras exatas sobre seu sofrimento. Aconselhei-a a fazer uma tentativa, ao menos por dois ou três dias. Em caso de fracasso, não haveria outra solução senão separar Robert do ambiente familiar e psicanalisá-lo, em condições muito desfavoráveis nessa idade. Eu esperava que o menino tornasse a ser positivo em relação aos adultos, sobretudo em relação à mãe, e que a partir daí recuperasse o sono, o apetite e o ritmo digestivo.

Propus que, sem presentear Robert com ela e sem que ele a visse ser trazida, fosse deixada num canto da casa uma boneca do gênero bebê, inquebrável, um "boneco" de 30 a 35 centímetros; que se tivesse o cuidado de atrair a atenção de Robert para ele, e que ninguém se importasse com o que ele pudesse fazer com o boneco. Previ que talvez o menino tivesse necessidade de um objeto transferencial sob a forma de um ser humano, para ele se desvencilhar de sua necessidade de fazer mal ao irmão.

O resultado ultrapassou todas as nossas esperanças. Ao cabo de três dias, a mãe me telefonou, dizendo ter havido uma melhora considerável no estado de Robert, um aparente relaxamento e uma recuperação da saúde. De início, a mudança de atitude da mãe deixou-o estupefato e completamente desamparado em meio a uma reação de oposição. Depois, seu comportamento tornou-se neutro diante do irmãozinho. Por fim, ao ouvir a mãe formular observações agressivas ou depreciativas sobre o bebê, começou a contradizê-la: "Não, não é verdade que ele não sabe nada, ele é muito bonitinho". A mãe perguntou-me o que responder. Aconselhei-a a não seguir a opinião dele, a não aquiescer, mas simplesmente dizer: "Você acha? Bom, você é um bom irmão mais velho". Em oito dias, os papéis se haviam invertido. Era Robert quem defendia o irmãozinho e reprovava a mãe por suas observações maldosas.

Em poucos meses, Robert deu um salto à frente em sua evolução. Quando voltei a vê-lo, estava completamente transformado: adorava o irmão e todas as crianças em geral, e a mãe lhe confiava o bebê com toda a segurança. Como havia ocorrido com meu filho, seu vocabulário se desenvolvera e, também como para ele, as noções de ontem e de amanhã e de antes e depois haviam adquirido sentido. O futuro havia aparecido em sua linguagem, logo seguido pelo "eu".

Dolto presenteia-nos com esse caso clínico, um pouco de sua originalidade clínica. Como vemos, não é de uma regressão a um estádio anterior da sexualidade que Dolto entende o que se passa com essa criança que apresenta enurese e encoprese secundárias, quando nasce um irmãozinho. O recém-nascido provoca um sentimento de ameaça de involução e Robert reage de maneira agressiva, ativa, a essa tentação de se identificar com alguém mais novo, mas sua encoprese e enurese denunciam a desorganização pulsional provocada.

A contundência de seu pensamento e de suas intervenções é marcante. Sua clínica costuma ser predominantemente da ordem das intervenções tanto com as crianças como com os pais, muitas vezes tidas como um tanto abusivas ou fantasiosas. De qualquer forma, elas reluzem sua fé no uso da palavra justa, na busca por simbolizações estruturantes.

Maud Mannoni[8] – Atendimento a um menino enurético

> Charles, 6 anos, é trazido ao consultório por incontinência. O pai do menino passa a maior parte do ano na África. A mãe vive sozinha com os seus dois filhos (Charles e uma menina de 1 ano). A vida de "dona de casa", as longas ausências do marido a "abateram". "Se eu não tivesse tido filhos, poderia ter acompanhado meu marido em suas mudanças".
>
> Desorientada, isolada, sem trabalho e sem amigos, a Sra. X vai fazer as crianças pagarem o ônus da sua presença.

---

[8] MANNONI, M. *A primeira entrevista em psicanálise*. Rio de Janeiro: Campus, 1986.

Charles não tem a menor liberdade psicomotora. Instável, desritmado, é castigado tanto em casa como na escola. Entretanto, nada lhe parece dizer respeito. "Ele é blindado", diz a mãe; realmente ele está "em outro lugar" – está em outro lugar, mesmo na consciência que poderia ter do seu corpo. "Quando vai ao banheiro", acrescenta ela, "nunca sabe se fez ou não xixi. Ele passaria o dia inteiro sem fazer se não o obrigássemos". Mas aí está, nós o obrigamos, o menino aceita e, ao mesmo tempo, se esquiva: esse sexo lhe diz tão pouco respeito que ele não pode dizer o que fez com ele. E depois, devo falar disso? O que ele faz com o seu sexo, afinal de contas, diz respeito somente a ele.

A incontinência noturna torna-se um estado de fato diante do qual a criança não reage. Por que reagiria? A sua única forma de não entrar no desejo da mãe não é justamente fazer-se de morto, guardar uma distância em relação a esse corpo que, em grau tão elevado, diz respeito à mãe? Que a envolve de tal maneira que ela não lê mais, que ela já não existe fora dos seus filhos. Charles, em contrapartida, não tem pensamentos fora de sua mãe. "Não posso saber, porque não aprendi as palavras necessárias – não me disseram a ideia que eu devia ter, então não posso". Contudo, Charles tagarela, tagarela muito. Cerca-se, dir-se-ia, de um mar de palavras à guisa de defesa contra uma situação sentida como perigosa (relacionamento com uma mãe proibidora, sem intervenção de imagem paterna).

"Eu quero", diz Charles, "me tornar uma pessoa grande que nem mamãe". No entanto, ele se lhe opõe, revolta-se e a desafia: "Você pode me dar palmadas que eu não vou chorar".

O pai existe, não obstante, o menino relata as suas viagens e feitos. Tem orgulho do pai, mas continua a ser uma imagem masculina insituável: Charles não consegue aceitar-se num devir de homem. Ele permanece voluntariamente esquivo, tanto no plano intelectual como numa tomada de consciência do seu corpo de menino.

O sintoma incontinência é aqui, para o sujeito, a expressão de uma recusa de confronto com uma imagem masculina. "O meu corpo", parece dizer-me a criança, "eu o deixo para minha mãe, eu fujo, é dessa maneira que fico protegido das ameaças e do medo".

Somente uma psicanálise pode prestar socorro à criança. A mãe, no entanto, só encontra lágrimas para responder às propostas de tratamento.

O que é então que ela veio procurar? – Ajuda para si própria por intermédio desse menino, que é um testemunho da aflição em que ela se encontra. Uma ajuda? – nem mesmo isso é certo.

Ela já não sabe por que veio, desde o instante em que algo de positivo lhe é proposto. "Não aguento mais, e é no filho que a gente pensa".

Foi somente por intermédio desse filho que a Sra. X pôde formular seu problema, sem, no entanto, estar madura para uma análise pessoal: ela necessita desse filho como um fetiche, para traduzir a sua aflição. Se lhe tiram, sente-se tomada de angústia.

No presente caso, em virtude da ausência do pai, só se pode esperar que a mãe seja capaz um dia de uma existência própria, independente da dos filhos. Somente nesse momento e com essa condição, a cura da criança ou mesmo a assistência à mãe seriam possíveis.

Ainda sobre esse caso clínico, Mannoni continua:

Quando a mãe de Charles vem ver-me é para falar-me antes de tudo da sua solidão e da sua mágoa de ser separada do marido "por causa dos filhos". Ela acrescenta que desejaria trabalhar, mas que não pode fazê-lo "por ter de tomar conta, de cuidar das crianças". Ela nem sequer encontra tempo para ler, já que Charles monopoliza todos os seus instantes com a sua incontinência. Ela deve, em última análise, pensar nas necessidades físicas do filho (Diz-me a mãe: eu é que sei quando meu filho quer fazer xixi), e vimos como a única forma que este tinha para escapar do desejo materno era não ter mais corpo nem desejos. A recusa, por parte da mãe, a um tratamento psicanalítico parece aqui ainda mais curiosa na medida em que o sintoma da criança já constituiu o objeto de tantas consultas médicas. Propor-
-lhe alguma coisa que correria o risco de ter êxito coloca

brutalmente a mãe diante do seu próprio problema (a saber, a sua angústia); "é cedo demais" parece ela dizer-me, "não se precipite, deixe-me mais algum tempo em segurança" (em segurança: protegida pelo sintoma do filho).

Mannoni realmente nos convoca, com esse caso, a pensar num excesso de sentidos que dá à enurese da criança a partir do que escuta sobre o que se passa com essa mãe. E como desacredita num processo analítico com a criança enquanto a mãe não puder se desincumbir de seus fantasmas. Mesmo quando dá à enurese um estatuto de apelo a uma subjetividade própria da criança, remete-a a uma impossibilidade de sustentá-la num processo de cura. A nosso ver, Mannoni fascina-se com o discurso da mãe e perde a criança de vista. Se essa autora, historicamente foi fundamental para aguçar nossa escuta pelas mensagens de desejo que são demandadas pelo outro, por outro lado, pode nos levar à surdez para o que a criança metaboliza a partir do que vem desse outro. Seus ensinamentos sobre o lugar que a criança ocupa no desejo dos pais podem deixá-la sem um lugar para ser perguntada sobre o que faz com esse lugar que lhe é demandado. A criança, com sua enurese, tem suas próprias motivações, desejos e fantasmas que não devem – sob o enfoque que estamos aqui privilegiando – ser reduzidos ao resto do outro. E a cada momento constitutivo de sua sexualidade poderá digerir o que o entorno lhe proporciona. O conflito para Mannoni é conflito intersubjetivo, distante da metapsicologia freudiana que defende um conflito intrapsíquico, entre instâncias psíquicas, dentro de um aparato que é peculiar a cada um.

Maria Teresa Ferrari[9] *– atendimento a uma criança encoprética*[10]

> Uma criança de 11 anos é trazida para análise, tomada por um padecimento que fica designado como encoprese secundária: não consegue reter suas fezes e suja a roupa íntima. Trata-se da perda de uma função, a de controle esfincteriano, que havia sido adquirida. A consulta não corresponde ao início do sintoma, se passa quase um ano depois de iniciado. É trazida por sua mãe, que em sua própria análise se conecta com a necessidade de fazer algo com esse padecimento, ao dar-se conta de que se trata de algo sério, segundo suas palavras. O pai, ao contrário, parece apostar no passar do tempo, que seja o tempo quem cuide desse desborde. O tempo, não ele como pai. Quando se pergunta a eles por alguma circunstância que estivera relacionada com a aparição do problema, a mãe assinala um momento de queda econômica do pai, motivada por uma aparente estafa de que teria sido objeto por parte de um sócio, grande amigo até então. É muito evidente que

---

[9] FERRARI, M. T. *Derivas de la pulsion anal:* Vicissitudes de la transferencia en el análisis de un niño con encopresis. Disponível em: www.edupsi.com/dirninos. Organizado por Psicomundo e Fort-Da, 2000.

[10] Tradução livre.

essa diferença de critérios a respeito de como proceder ante o padecimento recobre outras diferenças, e, assim, vai se perfilando essa inibição ou perda de função adquirida por parte da criança, como situada na encruzilhada dessas diferentes modalidades fantasmáticas desse pai e dessa mãe. Eu me pergunto sobre o lugar de objeto – que nesse ponto da impulsividade e do desborde – a criança vem representar para o gozo suposto de um Outro.

Nos primeiros encontros, o menino não joga, só fala, na verdade se queixa, não de seu padecimento, que não registra como tal. Diz não se dar conta de que sente vontade de ir ao banheiro nem de que há cheiro de fezes quando evacua nas calças. Queixa-se dos outros, da mãe que nunca está em casa, de seu pai que não cumpre com o que lhe promete, de seu irmão, dez anos mais velho, que o maltrata, de seu pai que não o deixa sair para jogar na rua com seus amigos. Depois de um tempo, aparece numa sessão com os pais o comentário, de passagem, de que o sintoma não se reduz, que o menino suja suas roupas, suja o banheiro, as toalhas, os sanitários e algo que descobrem depois de muito tempo. Ao sentirem mau cheiro no dormitório dele, descobrem que também suja o tapete, os móveis e alguns jogos e adornos que esconde debaixo da cama. Descobrimento que serve para despedir a empregada que, a partir disso, demonstrou que não os limpava. A mãe foi a última a saber disso, já que o pai, interado da situação, se ocupava de limpar as marcas de impulsividade para que a mãe não o repreendesse. A essa altura, em seu relato, esse filho fica posicionado como um bebê a quem praticamente se tem de trocar as fraldas, lavar-lhe as roupas. Como permitir que desça para a rua para jogar bola?

Isso permite indagar pelo gozo que representa para a mãe essa ignorância sobre o manejo do pai que se ocupa em apagar as marcas disso que é designado como transgressão, senão, para que ocultar provas? E também para pensar o gozo que representa para o pai ocultar diante dos olhos e do olfato de uma mãe os testemunhos dessa impulsividade, e o transbordamento mesmo de seu filho que, com esse padecimento, está convocado a não crescer, a não poder socializar-se (impossível pensar em dormir em casa de amigos ou ir a acampamento). Essa questão dos jogos com fezes me permite perguntar ao menino pela diferença entre não se dar conta da vontade de ir ao banheiro, que resultaria em sujar-se e não se dar conta de que esteja sujando seus objetos. Reconhece que se dá conta, sim, de que brinca com suas fezes, mas não sabe por que o faz. Primeira aproximação do que o posiciona como que cindido diante de seu padecimento: se esse gera alguma questão, então é possível abrir a dimensão sintomática em transferência, podendo-se articular a dimensão do gozo com algum significante. Até então o padecimento não era sintoma para ele, só expressava uma impulsão, a captura no gosto suposto de algum Outro, cujo objeto representava num estar preso em uma deriva pulsional que o transbordava, e o levava a inundar com esses restos fecais justamente aqueles objetos que deveriam permanecer libidinizados, protegidos falicamente, sob a égide pacificadora do princípio do prazer, contra essa moção pulsional. Que outra coisa poderia pensar nesse impulso que o leva a sujar objetos que parecia haver desejado intensamente? – para ele havia sido muito importante deixar de compartilhar o quarto com seu irmão e ter quarto próprio, atapetado, decorado a seu gosto. Algo falhava no controle, não só havia um buraco que não podia se abrir e se fechar para conseguir produzir esse dejeto, cuja perda diante da demanda do Outro comporta sempre a ganância de seu amor e o reconhecimento, tal a relação do erotismo anal com a oblatividade moral. As fezes não podiam se articular com o falo, como perda que se suporta como presente que demanda o Outro. É então puro real que inunda de odores, que suja, que não pode recortar a necessária esquizia entre corpo e gozo. Esses restos que não conseguem se libidinizar para serem depositados nos lugares, o Outro designa como seus reservatórios, o invadem todo, em uma deriva que angustia a mãe, e que a leva a recorrer às perguntas sobre o que teria ela que ver com tudo isso. Há um episódio interessante. Na ocasião de uma viagem que faz o paciente com sua mãe, aparece pela primeira vez um episódio de angústia no menino diante de uma incontinência. Até então, a angústia havia ficado do lado da mãe, expressa como ataque de fúria.

Depois desses fatos, o paciente começa a vir sujo à sessão, com cheiro de fezes. Assinalo-lhe o odor, o que ele diz não registrar. Isso me levou a pensar que a partir de haver-se encontrado com seu não saber por que suja o quarto, haveria uma atuação na dimensão transferencial dessa impossibilidade de abrir e fechar esse buraco para ancorar-se na série fálica.

Em uma das sessões em que veio sujo, faz um comentário de que houve um incêndio num edifício muito próximo à escola. Assinala com orgulho ter sido o primeiro a se dar conta. "Me dei conta pelo cheiro de queimado". Comento como era curioso que justamente ele que não consegue sentir o cheiro de suas próprias fezes havia sido o que registrara o cheiro de queimado. Esse reconhecimento do cheiro de fezes, o asco pelo cheiro, suporia um passo prévio da operação de divisão entre corpo e gozo, sendo a matéria fecal o exterior, objeto cujo gozo como tal ficará marcado pela proibição.

Tenta fazer um desenho para colocar o edifício que estava queimando, em resposta de uma pergunta minha sobre onde estava. Quando busca representá-lo, os lugares se sobrepõem, estão um em cima do outro. Onde localizar o edifício queimado, diferente dos não queimados, onde localizar as fezes? Primeiro há que reconhecê-lo como diferente, no caso das fezes como objeto separado do corpo próprio. O desempenho escolar também está afetado por essa dificuldade; não sabe como localizar os trabalhos e deixa espaços em branco, como um modo de fazer buracos, para tentar circunscrever alguma borda.

Na sessão seguinte ele falta argumentando uma forte dor de ouvido. Enfermidade orgânica, otite, frequente nele. Modo de fechar esse buraco sempre aberto diante da voz desse Outro – demanda superegoica que lhe impõe um modo de gozo – ou também resistência diante da demanda do Outro que no caso da pulsão anal supõe a renúncia a um gozo, a perda desse objeto cuja manipulação ficará proibida, só poderá recuperar na metáfora que instaura o falo, prévio passo pela operação castração. A equação fezes, pênis, criança, falo só é possível no marco do complexo de castração e da primazia fálica. Por isso, então, poderá colocar-se a substituição, uma coisa por outra, no campo simbólico.

A recorrência de vir sujo, deixando seu cheiro impregnado em meus móveis, no concreto da cadeira, coloca-me uma pergunta sobre se seria suficiente a interpretação ou o assinalamento de que havia cheiro. Vejo-me implicada transferencialmente na situação sem saída de não me dar conta, como a mãe, ou fazer desaparecer os vestígios da sujeira como o pai. Tomo, então, a decisão de fazer a chamada intervenção no real, que prefiro definir como intervenção em ato. Uma ação presidida pelo significante, que produza corte. Decido cobrir a cadeira com uma abundante quantidade de papel para isolar a cadeira de seu corpo. Quando chega à sessão nesse dia, fica surpreso pelo papel e faz um gesto para tirá-lo. Digo, então, que pus o papel para que o cheiro das fezes não impregnasse a cadeira em que depois deveriam sentar-se outros pacientes.

A partir dessa intervenção, deixa de vir sujo à sessão, abandona os jogos em seu quarto e consegue dormir na casa de um amigo sem ter incontinência. O problema instala-se em cheio na sua casa, onde a situação parental entra em crise. Quando a decisão da separação começa a concretizar-se o sintoma decai.

O interessante é a mudança de posição da criança na análise. Agora joga, primeiro truco, depois a escopa de quinze, para finalmente instalar-se no Monopoly, que é um jogo de compras, inversões, tomada de decisões econômicas e circulação de dinheiro. Começa, então, a desenrolar por toda a gama de conflitos que supõe a estabilização da pulsão anal no marco do simbólico. Pode-se pensar como o dinheiro poderia estar no lugar da encruzilhada do combate entre os pais, encruzilhada onde antes e ainda continua estando suas fezes.

Em uma sessão com os pais tentei colocar essa questão, procurando que a disputa ficasse articulada ao patrimônio, tal como repartir o dinheiro, podendo nela mediar terceiros, advogados, juízes, algo que represente a Lei. Desse modo, talvez, poderia permitir-se ao corpo do menino ficar subtraído dessa posição de objeto de gozo. Para que a pulsão possa se estabilizar fantasmaticamente nesses tempos próximos da eclosão puberal.

Com o paciente tentei mostrar seu compromisso na disputa, assinalando como poderia manifestar sua raiva pela mãe pelo tempo que não lhe dedica, ou por seu caráter, sem ter de sujar o banheiro. Mas, evidentemente, o tempo de demandar à mãe com palavras é o tempo da estabilidade fantasmática, tempo que marcaria a possibilidade de concluir nessa análise, ou nessa etapa de uma análise que tem lugar na infância.

Esse relato de caso é realmente precioso. Vemos como Ferrari escuta o que vem dos pais, mas não se cola aí. Sobre o que faz sintoma (ou melhor, transtorno) na criança é buscado com ela e as palavras ligadouras vão tomando lugar das fezes, as simbolizações organizam os modos pulsionais de satisfação. Essa analista se pergunta, se inquieta, se angustia porque sua relação com a teoria permite encontrar brechas para os enigmas que essa criança possa trazer ali, na transferência com ela. Essa analista não desconsidera o estatuto de sujeito para essa criança que precisa de ajuda para ultrapassar a expressão direta, em ato, de seus representantes pulsionais.

Sua escrita e sua clínica são generosas. Poderíamos pensar, parodiando Laplanche, que a forma como Marité metaboliza aquilo que recebe do lacanismo indica que, para ela, a teoria opera na direção da implantação e não na da intromissão.

Silvia Bleichmar[11] *– supervisão de um caso de uma menina que havia sido enurética*[12]

Um dos materiais que tive ocasião de ver é o de uma menina cuja mãe foi empregada doméstica na casa dos pais adotivos, a quem cedeu essa menina a poucos dias do seu nascimento. Todo o mito que constitui essa garota gira em torno da prostituição da mãe, mito também muito frequente em nossa cultura. A diferença está dada pelo peso que tem nesse mito a potencialização em virtude da cor da pele desde os primeiros anos da vida, sobretudo porque nessa família já havia uma filha, logo em seguida chegou essa menina e um tempo depois um irmãozinho. Nos primeiros anos da constituição psíquica dessa menina, que provavelmente é a mais morena dos irmãos, o que pesa como diferencial é a cor. Mas quando chega a puberdade, cobra muita força o mito da prostituição materna, mito avaliado pelo discurso dos adultos, particularmente do pai. Aparece na terapeuta a suspeita de ser o pai também pai biológico desta filha adotiva. Combinam-se, assim, duas correntes da vida psíquica: por um lado, uma corrente mais primária que tem que ver com a nostalgia pela mãe biológica, pela pele, pela identidade da pele, e com certa ternura com relação a essa mulher, que propicia, de algum modo,

---

[11] BLEICHMAR, S. *Clínica psicoanalitica y neogenesis*. Buenos Aires: Amorrortu, 2000.

[12] Tradução livre.

uma identificação com os aspectos estragados dessa mãe. Identificação que remete a sua sensação de pobreza, a seus aspectos mais depressivos. Por outro, uma corrente mais atual, marcada pela identificação com a prostituição, que leva essa menina de 13 anos à borda de uma atuação genital com um menino. Tudo isso montado sobre um déficit na constituição dos processos de ligação narcisística a partir da relação com a mãe adotiva, de modo tal que o pulsional tende a expressar-se sob modos não ligados e com fantasias de não contenção e descarga absoluta.

Fixem-se na complexidade do caso: a partir do déficit de narcisização primária corre-se o risco de que todo desejo e fantasma pulsional passe ao polo motor e a angústia tem muito que ver com a inermidade do ego para conter os desejos compulsivos que o põem em risco. Por outro lado, a carência primária da pele a impulsiona a uma genitalização precoce na busca de um corpo que a contenha. Sobre tudo isso opera a identificação com uma mãe prostituída e – talvez – a culpa por ter um destino melhor que o dela. Mas talvez o mais complexo se coloque no plano da situação mesmo de cura, porque essa menina disse para a analista que tem medo de não poder evitar transar com seu namoradinho. Ao começar a falar sobre o tema, sente-se compelida a se pôr diante do ventilador pelo calor que começa a sentir, até mesmo levantando a sainha. As palavras se erotizam, surgem quantidades de excitação que circulam pelo corpo e isso deve ser interpretado antes de seguir com o que ocorre fora. Coloca-se também para a analista o problema do segredo. Deve informar ou não aos pais sobre os riscos que corre a filha? Tem só 13 anos...

Então, proponho o seguinte para a analista: a menina não está lhe dizendo que deseja transar, mas que não pode evitá-lo. Ela se vê na compulsão por realizar algo que a arrasta mais além de si mesma, deixando-a inerme. O que ocorre, tanto no nível representacional como no dos modos mediante os quais essas representações circulam, está determinado pela sua história: o funcionamento estrutural é efeito das falhas de ligação que deixam as excitações liberadas para a busca de uma saída direta. Essa menina teve enurese até muito grande e outros transtornos que dão conta do exercício pulsional compulsivo, parcial, que atravessam a membrana da repressão. É brilhante, e o motivo de consulta primeiro foi uma dificuldade escolar "por dispersão". Diziam que não prestava atenção: como iria prestar atenção se não podia centrar-se, submetida como estava a esse acúmulo de excitações que efracionam o tempo todo a membrana egoica, obstaculizando os processos inibitórios da repressão? Ao dar volta na questão, ao des-subjetivizar a compulsão propondo que se pense não como uma menina que deseja transar com seu namorado, mas que disse à analista que não pode evitá-lo, se coloca a mesma perspectiva de um paciente adicto: alguém que é compulsivo mais além de si mesmo ao exercício de algo que não pode parar mesmo quando intuía ou saiba que o destrói. Abre-se, então, a possibilidade de consultar a paciente sobre se queria ter uma entrevista conjunta com sua mãe, expondo a questão do lado de uma compulsão e não de um segredo de amor adolescente, para possibilitar uma contenção apoiada enquanto se vão produzindo os tempos de elaboração e simbolização daquilo que a perturba. Certamente não se deve passar por cima ou por trás da menina, mas, sim, ajudá-la a criar as condições de sintomatizar essa compulsão que opera sob uma fachada desejante. Porque em análise não há que se confundir os desejos que aparecem, com a emergência de aspectos desligados, mas vinculados à pulsão de morte. Se a análise implica o levantamento da repressão e a passagem ao juízo de condenação, o problema é que com sujeitos nos quais a mobilização do processo não leva a um levantamento da repressão com apropriação por parte do pré-consciente das moções desejantes, mas ao atravessamento liso e plano da membrana da repressão, o que os deixa inermes para a realização de qualquer mediação que possibilite a escolha.

Vemos como Silvia busca por uma história dessa menina, não factual, mas uma história traumática, eficiente.

Enfatizaríamos no entendimento expresso pela autora sobre a corrente nostálgica da mãe biológica, aqueles signos de percepção, que ficam vagando sem tradução psíquica possível. É Silvia Bleichmar (1994) quem nos ensinou que

> [...] em uma criança para quem o objeto materno originário se perdeu, que foi levada a uma mãe substituta, as inscrições primordiais serão metaforizadas, mas os laços metonímicos sofrerão uma fratura, retranscrições parciais do cheiro, da textura, da voz, que guardam restos, enquanto humanos (sexualizantes e amorosos), do objeto primordial, mas com dificuldade de captura, por retranscrição de contiguidade, aberta a possibilidades potenciais ou ao fracasso de sua ressimbolização.

E todas as repetições compulsivas que foi apresentando no decorrer de sua história, tanto da enurese duradoura como da imperiosidade da atuação genital, parecem ser transtornos decorrentes desses momentos primitivos de descontinuidade com o corpo materno, mas também do déficit de implantação de ligações narcisizantes da mãe adotiva. E é na transferência com a analista que repete os transbordamentos pulsionais que ficaram vagando sem ligação eficiente, seja pela mãe biológica seja pela mãe adotiva.

Essa menina, como acontece com muitas outras crianças precocemente separadas de suas mães, apresenta correntes neuróticas psíquicas da vida, passíveis de serem trabalhadas pela interpretação das associações livres como também correntes da ordem do transtorno que essa autora indica que sejam trabalhadas por intermédio do estabelecimento de nexos simbolizantes, que podem ter o estatuto de uma construção de mitos provisórios a partir de pequenos indícios vindos dos relatos dos pais quanto das manifestações da paciente. São essas construções que podem possibilitar aberturas para novos nexos simbólicos. As entrevistas conjuntas com os pais também foram recomendadas no sentido de implicá-los no processo de contenção das descargas direta do pulsional.

É a essas intervenções na clínica psicanalítica que nomeia como da ordem de uma neogênese. Para que advenha o sintoma há que se instaurar instâncias que não foram instituídas ou estão precariamente operantes.

Referências

ABERASTURY, A. *Aportaciones al psicoanalisis de niños*. Buenos Aires: Paidós, 1971.

ABRAHAM, K. *The narcisistic evaluation of excretory processes in dreams and neurosis*. Londres: Hogarth Press, 1920.

——————. (1924) Breve estudo do desenvolvimento da libido, visto à luz das perturbações mentais. In: *Teoria psicanalítica da libido*: sobre o caráter e o desenvolvimento da libido. Rio de Janeiro: Imago, 1970.

——————. *Psicoanálisis clínico*. Buenos Aires: Hormé, 1980.

AJURIAGUERRA, J. *Manual de psiquiatria infantil*. Rio de Janeiro: Masson, 1980.

ARIÈS, P. *História social da criança e da família*. Rio de Janeiro: LTC, 1973.

ASSOCIAÇÃO PSIQUIÁTRICA AMERICANA. *Manual diagnóstico e estatístico de transtornos mentais – D.S.M. IV*. Porto Alegre: Artes Médicas, 1995.

BLATZ, W. F. & BOTT, H. *The management of young children*. New York: Morrow, 1930.

BLEICHMAR, S. Aperturas para una técnica en psicoanálisis de niños. In: *Trabajo del Psicoanálisis*, v. 4, nº 10. Buenos Aires: Lugar, 1990.

——————. *Fundação do inconsciente*: destinos de pulsão, destinos do sujeito. Porto Alegre: Artes Médicas, 1994.

—————. *Clínica psicoanalitica y neogenesis*. Buenos Aires: Amorrortu, 2000.

BRAZELTON, T. B. (1918) *Momentos decisivos do desenvolvimento infantil*. São Paulo: Martins Fontes, 1994.

CHIOZZA, L. & GRUS, R. *Psicoanálisis de los transtornos urinarios*. Departamento de Investigación del Centro Weizsaecker de Consulta Médica, agosto de 1992.

DEBRAY, R. *Bebês/mães em revolta*: tratamentos psicanalíticos conjuntos dos desequilíbrios psicossomáticos precoces. Porto Alegre: Artes Médicas, 1988.

DESPERT, J. K. Urinary control and enuresis. *Psychosomatic Medicine*, n° 6, p. 294-307, 1944.

DOLTO, F. *Dialogando sobre crianças e adolescentes*. Campinas: Papirus, 1987.

—————. (1971) *Psicanálise e pediatria*. Rio de Janeiro: Guanabara, 1988.

—————. (1981) *No jogo do desejo*: Ensaios clínicos. São Paulo: Ática, 1996.

—————. (1984) *A imagem inconsciente do corpo*. São Paulo: Perspectiva, 2001.

—————. (1988) *Inconsciente e destinos*: seminário de psicanálise de crianças. Rio de Janeiro: Jorge Zahar, 1989.

—————. (1994) *As etapas decisivas da infância*. São Paulo: Martins Fontes, 1999.

—————. *Destinos de crianças*: adoção, famílias de acolhimento, trabalho social. São Paulo: Martins Fontes, 1995.

ELIAS, N. *O processo civilizatório*: uma história dos costumes. Rio de Janeiro: Jorge Zahar, 1994.

FERENCZI, S. *Contributions to psychoanalysis*. Boston: Bakger, 1916.

——————. (1925) Psicanálise dos hábitos sexuais. In: *Obras Completas*, v. III. São Paulo: Martins Fontes, 1993.

FERRARI, M. T. *Derivas de la pulsion anal*: Vicissitudes de la transferência en el análisis de un niño con encopresis. Disponível em: www.edupsi.com. Organizado por Psicomundo e Fort-Da, 2000.

FERRAZ, F. C. & VOLICH, R. M. (Org.) *Psicossoma*: psicossomática psicanalítica. São Paulo: Casa do Psicólogo, 1997.

FIGUEIRA, S. A. *Nos bastidores da psicanálise*. Rio de Janeiro: Imago, 1991.

FREUD, S. (1894a) As neuropsicoses de defesa. *Edição Standard Brasileira das Obras Psicológicas Completas*. Rio de Janeiro: Imago, 1988, v. III.

——————. (1894b) Obsessões e fobias: seu mecanismo psíquico e sua etiologia. *Op. cit.*, v. III.

——————. (1892-1899) Carta 97 (de 27 de setembro de 1898). Extrato dos documentos dirigidos a Fliess. *Op. cit.*, v. I.

——————. (1900) A interpretação dos sonhos. *Op. cit.*, v. IV-V.

——————. (1905a) Fragmento da análise de um caso de histeria. *Op. cit.*, v. VII.

——————. (1905b) Três ensaios sobre a teoria da sexualidade. *Op. cit.*, v. VII.

——————. (1908a) Caráter e erotismo anal. *Op. cit.*, v. IX.

——————. (1908b) Sobre as teorias sexuais das crianças. *Op. cit.*, v. IX.

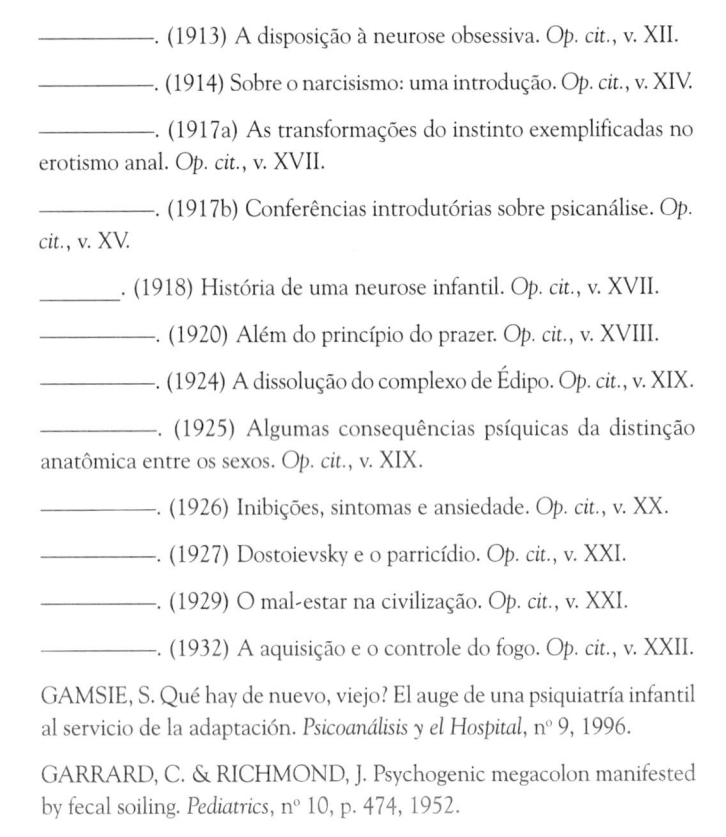

———————. (1913) A disposição à neurose obsessiva. *Op. cit.*, v. XII.

———————. (1914) Sobre o narcisismo: uma introdução. *Op. cit.*, v. XIV.

———————. (1917a) As transformações do instinto exemplificadas no erotismo anal. *Op. cit.*, v. XVII.

———————. (1917b) Conferências introdutórias sobre psicanálise. *Op. cit.*, v. XV.

———————. (1918) História de uma neurose infantil. *Op. cit.*, v. XVII.

———————. (1920) Além do princípio do prazer. *Op. cit.*, v. XVIII.

———————. (1924) A dissolução do complexo de Édipo. *Op. cit.*, v. XIX.

———————. (1925) Algumas consequências psíquicas da distinção anatômica entre os sexos. *Op. cit.*, v. XIX.

———————. (1926) Inibições, sintomas e ansiedade. *Op. cit.*, v. XX.

———————. (1927) Dostoievsky e o parricídio. *Op. cit.*, v. XXI.

———————. (1929) O mal-estar na civilização. *Op. cit.*, v. XXI.

———————. (1932) A aquisição e o controle do fogo. *Op. cit.*, v. XXII.

GAMSIE, S. Qué hay de nuevo, viejo? El auge de una psiquiatría infantil al servicio de la adaptación. *Psicoanálisis y el Hospital*, nº 9, 1996.

GARRARD, C. & RICHMOND, J. Psychogenic megacolon manifested by fecal soiling. *Pediatrics*, nº 10, p. 474, 1952.

GOLDGRUB, F. *A máquina do fantasma*: aquisição de linguagem & constituição do sujeito. São Paulo: Unimep, 2001.

GREEN, A. L'enfant modèle. *Nouvelle Revue de Psychanalyse*, nº 19, 1979.

HEIMANN, P. Notas sobre la etapa anal. *Revista de la Asociación Psicoanalítica Argentina*, t. 26, nº 1, p. 181-200, 1969.

ISAACS, S. (1936) O hábito: com referência particular à educação para a limpeza. In: KLEIN, M. et al. *A educação de crianças à luz da investigação psicanalítica*. Rio de Janeiro: Imago, 1969.

KLEIN, M. O desmame. In: KLEIN, M. et al. *A educação de crianças à luz da investigação psicanalítica*. Rio de Janeiro: Imago, 1969.

——————. (1921) *Contribuições à psicanálise*. São Paulo: Mestre Jou, 1970.

——————. (1932) *Psicanálise da criança*. São Paulo: Mestre Jou, 1975.

KREISLER, L.; FAIN, M.; & SOULÉ, M. (1974) *A criança e seu corpo*. Rio de Janeiro: Zahar, 1981.

LACAN, J. (1953) Fonction et champs de la parole et du langage en psychanalyse. In: *Écrits*. Paris: Seuil, 1966.

——————. (1956) Dos notas sobre el niño. Buenos Aires: *Manantial*, 1991.

——————. (1975a) Conférences et entretiens. Paris: *Scilicet*, 1976.

——————. (1975b) Séminaire RSI: *Ornicar?* nº 4, 1975.

——————. (1975) Conferência de 24 de novembro de 1975. Universidade de Yale.

LEBOVICI, S. *O bebê, a mãe e o psicanalista*. Porto Alegre: Artes Médicas, 1987.

LEBOVICI, S. & SOULÉ, M. (1970) *El conocimiento del niño através del psicoanálisis*. México: Fondo de Cultura Económica, 1986.

LEDOUX, M. H. *Introdução à obra de Françoise Dolto*. Rio de Janeiro: Jorge Zahar, 1991.

LOPARIC, Z. Winnicott: uma psicanálise não-edipiana. *Percurso*, nº 17, 1996.

MANNONI, M. *A criança, sua "doença" e os outros*. Rio de Janeiro: Guanabara, 1987.

──────────. *A primeira entrevista em psicanálise*. Rio de Janeiro: Campus, 1986.

MELTZER, D. Identificación proyectiva y masturbación anal. *Revista de Psicoanalisis*, n° 24, p. 791-808, 1967.

MEZAN, R. Para além dos monólogos cruzados. *Folha de São Paulo* (Folhetim, n° 450), 08/09/1985.

NEUTER, P. D. Do sintoma ao sinthoma. *Dicionário de psicanálise*: Freud & Lacan, n° 1. Salvador: Álgama, 1994.

OCARIZ, M. C. *O sintoma e a clínica psicanalítica*: o curável e o que não tem cura. São Paulo: Via Lettera, 2003.

OELSNER, R. Algunos mecanismos psicóticos presentes en la encopresis. *Atualización em Psicoanalisis de Niños*, n° 15, 1988.

OGDEN, T. H. *Os sujeitos da psicanálise*. São Paulo: Casa do Psicólogo, 1996.

PEÑA, S. Mi experiência en la formación como psicoanalista de niños y adolescentes. *Fort-Da: Revista de Psicoanálisis con Niños*. Disponível em: http://psiconet.org/winnicott/textos/pena1.htm

RANÑA, W. Psicossomática e o infantil: uma abordagem através da pulsão e da relação objetal. In: FERRAZ, F. C. & VOLICH, R. M. (Org.) *Psicossoma*: psicossomática psicanalítica. São Paulo: Casa do Psicólogo, 1997.

──────────. A enurese: aspectos pediátricos, psicossomáticos e psicanalíticos. In: REIMÃO, R. (Org.) *Tópicos selecionados de medicina do sono*. São Paulo: Associação Paulista de Medicina, 2002.

RASSIAL, J.-J. Da mudança esperada do tratamento psicanalítico da criança. *Coleção Psicanálise da Criança – Coisa de Criança*, v. 1, nº 9. Salvador: Ágalma, 1997.

SAINDEMBERG, S. A função da micção. *Revista Urodinâmica*, v. 1, nº 3, p.136-142, 1998.

SOULÉ, M. & LAUZANNE, K. *Tratado de psiquiatria del niño y del adolescente*. Madrid: Biblioteca Nueva, 1990.

SOULÉ, M. & SOULÉ, N. *L'énurésie*: étude clinique, diagnostique et thérapeutique. Paris: Éditions Sociales Françaises, 1967.

SPERLING, M. *Psicoterapia del niño neurótico y psicótico*. Buenos Aires: Hormé, 1980.

VOLICH, R. M. A técnica por um fio: Reflexões sobre a terapêutica psicossomática. In: FERRAZ, F. C. & VOLICH, R. M. (Org.) *Psicossoma*: psicossomática psicanalítica. São Paulo: Casa do Psicólogo, 1997.

VOLNOVICH, J. *Lições introdutórias à psicanálise de crianças*. Rio de Janeiro: Relume-Dumará, 1991.

WINNICOTT, D. W. (1936) Contribuição para uma discussão sobre a enurese. In: SHEPHERD, R., JOHNS, J. & ROBINSON, H. T. (Org.) *Pensando sobre crianças*. Porto Alegre: Artes Médicas, 1997.

──────. *Textos selecionados*: da pediatria à psicanálise. Rio de Janeiro: Francisco Alves, 1988.

ZORNIG, S. A. J. *A criança e o infantil em psicanálise*. São Paulo: Escuta, 2000.

Impresso por :

gráfica e editora

Tel.:11 2769-9056